Fünf sufische Traktate

Fünf Sufische Traktate

Muḥammad Nūr al-ʿArabī

Übersetzt und kommentiert
von Cüneyd Yıldırım

Editio Gryphus

Bibliografische Information der Deutschen Nationalbibliothek: Die Deutsche Nationalbibliothek verzeichnet diese Publikation in der Deutschen Nationalbibliografie; detaillierte bibliografische Daten sind im Internet über http://dnb.dnb.de abrufbar.

1. Auflage, 2016

Umschlaggestaltung: Ali Ghandour
Buchgestaltung: Editio Gryphus

www.editiogryphus.de

Herstellung: Books on Demand, Norderstedt

ISBN: 978-3-981755I-I- 4

Printed in Germany

Fünf Sufische Traktate

Inhalt

بسم الله الرحمن الرحيم

Einleitung

Nach jahrelangen öffentlichen Debatten ist inzwischen allgemein bekannt, dass der Islam keine mit der Kirche vergleichbare zentrale religiöse Institution kennt. Bis ins 19. Jahrhundert gab es Institutionen und Autoritäten des Islams, die nebeneinander bestehen konnten, wenn auch von Zeit zu Zeit miteinander konkurrierend. Die Sufi-Orden waren vielerorts in der islamischen Welt gesellschaftlich anerkannt. Sie vermittelten den religiösen Laien eine metaphysische Deutung der Wirklichkeit. Riten wie der *Ḏikr* und Festtage wie die Geburtstage der *Auliyā* regelten den Jahresablauf vieler Menschen. Liebeskranke konnten sich von einem Baba einen Talisman gegen Melancholie geben lassen, während andere ihre Kinder in die Zelle des gelehrten *Mevlevi* schickten, damit dieser sie in hoher persischer Dichtung unterrichte.

Im Angesicht der Moderne verloren die Sufi-Orden wie auch andere religiöse Institutionen zunehmend ihre soziale Funktion unter anderem an am Westen orientierte staatliche Bildungseinrichtungen. Junge Leute begannen Victor Hugo statt Saʿdī zu lesen. Was die Religion anging, musste sie inhaltlich so weit verknappt werden, dass neben ihr noch Platz sein konnte für materialistische, naturwissenschaftliche Annahmen, die dem Fortschritt dienten. Der Trend ging also dahin, den Islam auf das Wesentlichste zu reduzieren, wie an der damals entstandenen ägyptischen *Salafiyya* zu erkennen ist.

Die Reaktion traditioneller Institutionen auf die Herausforderungen der Moderne war oft Resignation, was mit Sicherheit auf viele Sufi-Orden zutraf, wenn man die weitestgehende Hinnahme des Verbots des organisierten Sufismus 1925 berücksichtigt. Bis zu diesem Datum war allerdings der Prozess der Säkularisierung in den ehemals osmanischen Gebieten bereits weit fortgeschritten, weshalb davon auszugehen ist, dass es auch Versuche gab, das Verschwinden in der Bedeutungslosigkeit aufzuhalten.

Muḥammad Nūr al-ʿArabī, der Autor der hier vorliegenden Traktate, kam 1228/1813 im ägyptischen Maḥallat al-Kabīra auf die Welt. Von seinem siebten bis zu seinem sechzehnten Lebensjahr studierte er an der Azhar bei Ḥasan al-Quwaysnī (gest. 1254/1838-39). Selbst ein Sufi, entließ al-Quwaysnī seinen Schüler zur Wanderung, damit dieser sich spirituell weiterentwickle. Zuvor war Muḥammad Nūr nämlich in der Ḥusayn-Moschee in Kairo in einer Vision der Prophet erschienen. Er wanderte durch Anatolien westwärts bis auf den Balkan, wo er sich niederließ. In *Üsküp* (Skopje) verbrachte er den Großteil seines Lebens stets im Umfeld des Gouverneurs der Region. Zeitweilig unterrichtete er sogar die Kinder des Paschas. Es ist anzunehmen, dass Muḥammad Nūr durch seine Nähe zur Oberschicht den politischen und sozialen Wandel der Tanzimat-Ära aus der Nähe beobachtet hat. Als Leiter einer theologischen Schule gehörte er selbst zum Establishment. Daneben baute er sich durch seine Aktivitäten als Sufi-Lehrer ein Netzwerk auf, reiste mehrmals nach Mekka und nach Istanbul. Er hielt Kontakte zu Schaichen der *Naqšbandiyya* und *Ḫalwatiyya*, seine Legitimation zum Meister erhielt er aber nach eigener Angabe vom Propheten selbst, der ihm seit der Vision in der Ḥusayn-Moschee immer wieder sowohl im Wachzustand als auch im Schlaf erschienen sein soll. Schließlich verkündete Muḥammad Nūr am 27. *Ǧumāda l-Āḫira* 1288/14. September 1871 seine 'Polheit' (*quṭbiyya*), die höchste Stufe der Gottesfreundschaft, die in jeder Epoche nur einer Person zuteil werde. In den folgenden fünfzehn Jahren reiste er noch je zweimal nach Istanbul und Mekka. Seine letzte Pilgerfahrt soll er mit 130 Anhängern begangen haben. In der Reichshauptstadt zählten inzwischen der *Schaich al-Islam* und andere hochangesehene Mitglieder der Oberschicht zu seinen Schülern.

Am 29. *Ǧumādā l-Āḫir* 1305/14. März 1888 verstarb Muḥammad Nūr im Alter von 75 Jahren in seiner Wohnstätte in Strumica. Unter seinen Nachfolgern machten einige mit ihrer politischen Tätigkeit von sich reden, darunter der berühmte Lexikograph und Offizier Meḥmed Ṭāhir (gest. 1925). Er gilt als einer der Protagonisten der Jungtürken-Revolution von 1908.[1]

Muḥammad Nūrs gesamtes Wirken kann als der Versuch angesehen werden, einerseits festgefahrene Strukturen im organisierten Sufismus aufzubrechen, wofür er die lose Organisationsform der *Malāmiyya* wählte, nach der er seinen Orden benannt hat; andererseits die seit jeher tradierten Lehren neu zu formulieren bzw. zusammenzufassen, um sie den Lesern seiner Zeit darzubieten. Hierfür spricht vor allem die Tatsache, dass er die Mehrzahl seiner Werke auf türkisch,

1 Vgl. Gölpınarlı, S. 231-241.

also in der Sprache seines Umfelds verfasst hat. Die Werke Muḥammad Nūrs waren ausschließlich für Eingeweihte und fortgeschrittene Schüler vorgesehen. Bis zur Gründung der Republik gab es kein Bestreben, seine Werke drucken zu lassen, auch nicht durch Bursalı Meḥmed Ṭāhir, der sonst ein eifriger Publizist und sogar Autor einer Biographie Muḥammad Nūrs war, von deren Manuskript mehrere Kopien vorhanden sind. Erst 1974 wurden zum ersten Mal einige Traktate in modernes Türkisch übersetzt und latinisiert veröffentlicht.[2] Grund für die Vorsicht bei der Verbreitung der Texte war sicherlich die Befürchtung, die Inhalte könnten in falsche, unqualifizierte Hände geraten, handelte es sich doch um ein Sufitum, das in der Vergangenheit schon einige Male die Feindschaft einer bestimmten Sorte von Islamgelehrten auf sich gezogen hatte. Man denke dabei an die osmanische, sufi-feindliche Bewegung, die unter dem Namen Qāḍīzādelīlik ab dem 17. Jahrhundert im Medrese-Milieu Verbreitung fand. Schließlich war Muḥammad Nūr im Jahr 1285/1868-69 der Ketzerei beschuldigt worden. Dieser Fall erreichte sogar den damaligen Sultan ʿAbd al-ʿAzīz, ging aber durch die Intervention eines Paschas zugunsten des Schaichs aus.[3]

Ähnlich wie die theologischen Reformbewegungen seiner Zeit zielte Muḥammad Nūr auf das Wesentliche der Lehre ab. In diesem Sinne nennt er seinen Weg nicht *Ṭarīqa* sondern *Ḥaqīqa*, womit das Wesen des Sufismus gemeint ist. Es geht buchstäblich darum, das Wesentliche zu erkennen, d.i. Allah in der Schöpfung.

2 Azamat, S. 562.
3 Gölpınarlı, S. 238.

Eine andere Bedeutung von *Ḥaqīqa* ist Wahrheit. Dahinter steht die Vorstellung, dass nur Allah eigentlich seiend ist, denn nur er ist unveränderlich und unabhängig. Nur was unveränderlich und unabhängig ist, kann wahrhaft seiend sein. Die Schöpfung bzw. alles, was nicht Allah ist, kommt nur durch die Manifestation des Einen, Wahren zustande. Sie existiert nur mit ihm, ist also abhängig und somit nicht wahrhaft seiend. Der Mensch ist der kleine Kosmos, weil auch er die Gottesnamen manifestiert. Dies sei die Bedeutung des Koranverses: „*Er lehrte Adam alle Namen.*" [2:31] Das Telos des Menschen ist die Erfüllung des *Tawḥīd*, des Einsheitsbekenntnisses, also zu sagen: Es gibt keine Gottheit außer Allah. Jedoch kann der Mensch niemals vollkommen die Einsheit bekennen, solange sein Bewusstsein der Zweiheit von Mensch und Gott unterlegen ist. Nur Allah selbst und diejenigen, die gelernt haben, mit Allahs Auge zu schauen, können die göttliche Einsheit bekennen. Darauf weise der Vers hin: „*Allah bezeugt, dass kein Gott ist außer Ihm – so auch die Engel und die das Wissen haben.*" [3:18] [4]

Mit der folgenden Auswahl an kurzen Texten sollten möglichst alle Kernthemen Muḥammad Nūrs abgedeckt werden:

1) Das Traktat vom Ursprung und von der Rückkehr (*Risāla fī l-Mabdaʾ wa-l-Maʿād*): Ein bedeutendes Werk, in dem besonders prägnant auf die Kosmologie und auf Jenseitszustände eingegangen wird.

2) Der Rubinstein auf der kleinen Eulogie (*al-Yāqūt al-Ḥamrāʾ ʿalā ṣ-Ṣalāh aṣ-Ṣuġrā*): Ein Kommentar zur sogenannten kleinen Eulogie des Ibn ʿArabī (gest. 638/1240), der die

4 Vgl. Gramlich, S. 30-36.

Lehre von der 'muḥammadanischen Wahrheit' (*al-ḥaqīqa al-muḥammadiyya*) aufgreift. Diese Lehre hat sehr alte Vorläufer im Islam. Es gibt Ḥadīṯe, die die Präexistenz des Propheten vor der Schöpfung lehren. Muḥammad sei schon Prophet gewesen, als Adam noch Schlamm war, heißt es, oder das erste, was Allah erschuf, sei das Licht Muḥammads. Derartige Berichte sind schon bei ʿAbd ar-Razzāq (gest. 211/827), einem Lehrer des Aḥmad b. Ḥanbal (gest. 241/855), und Ibn Saʿd (gest. 230/845) zu finden.[5] Schließlich kann die Stelle in der Prophetenbiographie des Ibn Isḥāq (gest. 150/767), in der erzählt wird, wie ein Licht von ʿAbd Allāh, dem Vater Muḥammads, auf seine Frau Āmina übergeht, als ein frühes Indiz für die Lehre von der 'muḥammadanischen Wahrheit' betrachtet werden.

3) Das ruhmreiche Geheimnis hinsichtlich der Reise zum *Tawḥīd* (*as-Sirr al-Maǧīd fī Sayr at-Tawḥīd*): Hier wird die Bedeutung der einzelnen Stufen auf dem Sufi-Pfad einschließlich entsprechender Übungen erläutert.

4) Die Schauplätze des *Tawḥīd* (*Mašāhid at-Tawḥīd*): Eine knappe Veranschaulichung spiritueller Entwicklungen.

5) Ein Kommentar zum Wesen der Dinge (*Šarḥ Ḥaqāyiq al-Ašyāʾ*): Der knappe Text richtet sich skizzenhaft gegen Hauptthesen des Kalam. Muḥammad Nūr will hier demonstrieren, dass die ontologischen Kategorien, die in der spekulativen Theologie Verwendung finden, keine Wesenheiten bedeuten können und behauptet dadurch implizit ihre Nutzlosigkeit für einen Erkenntnisgewinn.

5 Siehe: Andrae, S. 313ff.

Hilfsmittel bei der Übersetzung waren insbesondere 1. Max Hortens *Lexikon wichtigster Termini der islamischen Mystik*, 2. Nybergs *Kleinere Schriften des Ibn al-ʿArabī* und 3. Richard Gramlichs *Der eine Gott*.[6]

Mit Freude danke ich dem Verleger, meinem geschätzten Freund und Kollegen Ali Ghandour, Frau Dr. Nefeli Papoutsakis und Herrn Usama Shehata für ihre Hinweise und Verbesserungen.

Zum Editionsverfahren

Ich verwende +, um einen Zusatz in der angegebenen Hs verglichen mit dem Haupttext zu signalisieren.

– steht für ein fehlendes Wort im Vergleich zum Haupttext.

[ ] markieren Ergänzungen meinerseits von nicht mehr lesbaren Buchstaben.

Mit Punkten ... verweise ich auf nicht lesbare Stellen. Dabei steht ein Punkt für einen Buchstaben.

6 Nyberg, H.S.: Kleinere Schriften des Ibn al-ʿArabī, Leiden 1919. Horten, Max: Indische Strömungen in der islamischen Mystik, II. Lexikon wichtigster Termini der islamischen Mystik – Terminologische Untersuchungen zu grundlegenden Texten islamischer Frühmystik in Persien um 900, Heidelberg 1928. Gramlich, Richard: Der eine Gott – Grundzüge der Mystik des islamischen Monotheismus, Wiesbaden 1998.

ERSTES TRAKTAT

Risāla fī l-Mabdaʾ wa-l-Maʿād

Das Traktat vom Ursprung und von der Rückkehr

Im Namen Allahs, des Allerbarmers, des Barmherzigen. Unser Schaich, der Gelehrte, der Universalgelehrte, unser Lehrer, der Vollkommene, der Verständige, der Einzige seiner Zeit, der Autor zahlreicher Schriften und lehrreicher Traktate, Ḥaḍrat Schaich Muḥammad Nūr al-ʿArabī al-Miṣrī al-Uskūbī al-Badrī – möge Allah ihn mit dem heiligen, strahlenden Standplatz beschenken, sein Leben verlängern und seinen Segen über uns ergießen – sagt:

Lob gebührt dem Gott, der sich mit Seinem Sein offenbart, der 'ohne Anfang und Ende' (*as-sarmadī*), für den es keinen 'Ursprung' (*al-mabdaʾ*) gibt, der 'ewiglich Immerwährende' (*ad-dāʾim al-ʾabadī*), für den es keine 'Rückkehr' (*al-maʿād*) gibt. Und möge Allah dem 'Anfang' (*al-bidāya*) und dem 'Ende' (*an-nihāya*), Muḥammad[7], Seinen Segen spenden, sowie dessen Leuten, den Angehörigen mittels der Fürsorge [Allahs] (*al-mansūbūn bi-l-ʿināya*).[8]

7 Das Sein Muḥammads füllt die Grenzen der *Rubūbiyya* aus, daher ist er der Anfang und das Ende. Die *Ulūhiyya* hingegen geht darüber hinaus und kennt keine Grenzen.

8 Implizit weist Muḥammad Nūr mit solchen Zusätzen in seinen Eulogien auf sein Verständnis von direkter Prophetengefolgschaft hin, dass sie nämlich nicht mit der ersten Generation der Prophetengefährten beendet wurde, sondern denjenigen weiter zuteil wird, die mit der Gegenwart des Propheten im Wachzustand oder im Schlaf beehrt werden. Er selbst berichtet im *Manbaʿ an-Nūr* davon, wie er aus dem Mund des Propheten einen *Ḥadīṯ* hört.

Wisse, dass dieses Traktat über den Ursprung und die Rückkehr aufgeteilt ist in eine Einführung, zwei Hauptteile (*'aṣlayn*) und einen Schluss. Die Einführung handelt von der Erklärung der göttlichen Seinsstufen, der erste Hauptteil von der Erklärung des 'Ursprungs', der zweite von der 'Rückkehr' und der Schluss von gewissen 'Enthüllungen' (*burūz*).

Betreffend der Einführung wisse, o mein Bruder, dass das reine Wesen – erhaben ist Seine Majestät und gewaltig Seine Würde – undefinierbar ist. Seine Erhabenheit von der Undefiniertheit ist die Essenz Seiner Vollkommenheit, da ja das Abhängige beschränkt und das Beschränkte begrenzt und das Begrenzte endlich ist. Also ist das Abhängige endlich. Darum ist kein Erfassen und kein Beschreiben Seiner möglich, kein Zeigen auf Ihn, sowie kein Ausdruck, der Ihn bezeichnen könnte. Die Vernunft versagt dort und der Verstand gerät ins Stocken. Daher spricht Allah: „*Allah warnt euch vor Sich Selbst. Er ist aber gütig mit seinen Dienern.*" [3:30] Zu der Güte des Erhabenen zählt, dass Er uns von der Vergeudung der gegenwärtigen Zeit warnt. Ferner gehört zu Seiner Güte an uns, dass der Erhabene uns erschuf, um Sich uns bekannt zu machen. Denn es heißt: „*Ich war ein verborgener Schatz, da wünschte ich, erkannt zu werden. So erschuf ich die Schöpfung.*"[9]

Das Erste, was Allah erschuf, war das 'muḥammadanische Licht' (*an-nūr al-muḥammadī*) – Allah segne ihn und schenke ihm Heil. Dieses strahlte ungehemmt in die 'Urwolke' (*al-'amā'*) hinein, die weder über sich noch unter sich Luft (*hawā'*) hat, wie schon durch Abū Ruzayn[10] al-'Aqīlī überliefert, als

9 Ein berühmter Ḥadīṯ Qudsī.

10 Alternativ: Abū Ḏarr. Beide waren Prophetengefährten.

dieser den Gesandten Allahs fragte, „wo befand sich unser Herr vor der Schöpfung?" Er antwortete: *„Er war bei der Urwolke."*[11]

Wisse, dass *al-ʿamāʾ* ein Ausdruck für die möglichen Dinge (*mumkināt*) ist, wonach die Namen (*al-ʾasmāʾ*) streben – dies schon im reinen, urewiglichen Wesen Allahs, des Besitzers der Attribute. Also erschuf Allah als erstes das muḥammadanische Licht als umfassende Potenz (*ǧāmiʿan li-l-mumkināt*), deren Manifestationen sich der Wahre in der Essenz gewünscht hatte. Aus diesem Licht schuf Allah die 'Tafel'[12] und legte darin fest, was einmal war und noch sein wird an Naturkraft, welche ist die Quelle der Hylé,[13] welche ist die Empfängerin der physischen und elementaren Körper.

11 Die Wolke (*al-ʿamāʾ*) versinnbildlicht die Totalität der möglichen Dinge, also Nichtseiendes. Gottes Licht strahlt darein, wodurch das Nichtseiende seiend wird. Gleichzeitig markiert die Wolke den Übergang vom undefinierbaren Einen zu der Vielheit Seiner Manifestationen." Vgl. Uludağ, S. 553; Chodkiewicz, S. 180, Fn. 70; Chittick 1998, S. 30.

12 Die „wohlbehütete Tafel" *(lawḥ maḥfūẓ)* nach Koran 85:22, in der alles niedergeschrieben ist.

13 Ǧurǧānī (gest. 816/1413), den Muḥammad Nūr gelesen hat, sagt: „Hylé (arab. *hayūlā*) ist ein griechisches Wort mit der Bedeutung ‚Grundstoff' *(al-ʿaṣl)* und ‚Materie' (mādda). Als terminus technicus meint Hylé die Substanz in einem Körper, die aufnahmefähig ist für die Kontinuität und Trennung, die diesem Körper zukommen. Sie ist das aufnehmende Prinzip für die beiden Formen, die der Körperlichkeit und die der Art." Vgl. Ǧurgānī S. 113. Körper kommen also aus Form und Materie zustande. Hylé ist die Substanz im Körper, dessen Form trägt. Bei Muḥammad Nūr ist an dieser Stelle die universelle Hylé gemeint, die Substanz der Welt also, des universellen Körpers (*al-ǧism al-kull*).

Vgl. auch Nasr, S. 218ff.

An physischen Körpern tritt an erster Stelle der 'himmlische Thron', dann der 'himmlische Sockel' hervor, dann die Sphäre des Atlas bzw. die Sphäre der Tierkreiszeichen, außerdem die Gestirne, welche auch die 'Sphäre der Himmelspunkte' genannt werden.[14] An Elementen kommt zuerst Wasser, dann Himmel[15], Erde, Feuer und Luft. An Erzeugnissen gibt es Mineralien, Pflanzen und Tiere. Die Engel gingen hervor aus Licht, die Dschinnen aus glühendem Feuer und Menschen aus stinkendem Schlamm (*ḥamaʾ masnūn*). Letzteren wurde durch den Rang der 'Nachfolgerschaft' (*al-ḫilāfa*) Gnade erwiesen, denn er ist der Umfasser all dessen, was da ist[16] (*fa-huwa l-ǧāmiʿ li-mā yakūn*) – bei Allah, dem Rechtleitenden! Die Kategorien der physischen Körper sind vierundzwanzig an Anzahl.[17]

Der erste Hauptteil betrifft die Erklärung des 'Ursprungs'. Wisse, o mein Bruder, dass die Substanz (*mādda*) des Menschen, d.i. der Samentropfen, entweder von den Pflanzen oder den Tieren hervorgeht, die für ihn Nahrung sind. Die

14 Diese Ordnung entspricht der Kosmologie des Ptolemaios (ca. 100-160 n.Chr.), die seit dem Astronomen al-Farġānī (9. Jh.) das islamische Denken bis in die Moderne dominierte. Der 'himmlische Thron' (ʿarš) entspricht dem äußersten Himmel und der 'himmlische Sockel' (kursī) den Fixsternen. Die Gestirne sind Mond (qamar), Merkur (ʿuṭārid), Venus (zuhra), Sonne (šams), Mars (mirrī), Jupiter (muštarī) und Saturn (zuhal). Sie bewegen sich kreisförmig über der Erde und beeinflussen dadurch das Leben auf ihr. Vgl. Nasr, S. 76; Kunitzsch/Knappert, http://dx.doi.org/10.1163/1573-3912_islam_COM_0871; Roob, S. 48

15 Wird nicht immer mitgenannt.

16 Der Mensch steht über allen anderen Geschöpfen; das sind Mineralien, Pflanzen und Tiere, deren Eigenschaften er allesamt umfasst. Dazu ist er noch durch die Gotteserwähltheit begünstigt.

17 Die Stufen, die der Wahrheitssuchende aufsteigen muss, um zu seinem wahren Bestimmungsort zurückzukehren.

Tiere stammen von den Pflanzen ab und die Pflanzen von den Mineralien. Die Grundlage der Erde ist die Naturkraft, aus welcher ein Körper zusammengesetzt ist. Die Naturkraft ist der 'Odem des Allerbarmers' (*nafas ar-raḥmān*), wodurch Er atmet. D.h.: Er [der Odem] offenbart sich vom muḥammadanischen Licht ausgehend auf der himmlischen Tafel. Wenn dann die Substanz auf die Pflanzen herabkommt, fließt sie weiter auf die Tiere, dann auf die menschliche Sphäre. Wurde er [der Strömungsprozess der Substanz] nicht gestört, ist er die eine fließende Bewegung *(fa-huwa ʾaḥadiyy as-sayr)*. Wenn er gestört wurde, ist er nicht die eine Bewegung (*fa-laysa ʾaḥad as-sayr)*. Je nach Störung der Substanz ist ihre Veranlagung zu Gott (*istiʿdāduhā*) nah oder fern. Die Störung betrifft all das, was sich an mineralischen, pflanzlichen und tierischen Naturkräften wiederholend auf der Substanz anhäuft. Diese ist gestört, wenn sie in den Pflanzen und Tieren hervortritt, die nicht essbar sind oder wenn sie in der essbaren Nahrung zwar hervortritt, die Eltern aber vor der Nahrungseinnahme sterben. Jedoch kann es im besten Fall immer noch sein, dass sich der Samentropfen nicht bildet oder der Geist vor dem Einhauchen fehlt oder ein Elternteil vorzeitig stirbt und damit die Substanz mit ihm.*„Allah [eigtl. Er] kennt ihre Heimstatt (mustawdaʿahā) und ihren Aufenthaltsort (mustaqarrahā).*“ [11:6] Dies ist die körperliche Bewegung (*as-sayr al-ǧismānī*). [18]

18 Körper sind aus Form und Materie zusammengesetzt (Substanz gebrauche ich synonym zu Materie). Das gilt auch für den universellen Körper, d.i. die Welt bzw. das Universum. Die universelle Substanz (mādda oder hayūlā) entspringt direkt dem Wesen Gottes, durchläuft die gesamte kosmische Hierarchie bis sie in dieser Welt in Form von Mineralien, Pflanzen und Tieren körperlich wird. Dieser Prozess wird mit Fließen (tanazzul) ausgedrückt. Menschenkörper entstehen, wenn sich ein Mensch von Pflanzen und Tieren ernährt, dadurch Spermien produziert und sich schließlich fortpflanzt.

Was die spirituelle Bewegung des Menschen betrifft: Wenn es den einen Bewegungsfluss (*ʾaḥad as-sayr*) gibt, erreicht die Substanz ohne besondere Anstrengung (*muǧāhada*) und Mühe (*taʿab*) ihre Vervollkommnung. Wer gestört wird, dessen Mühen werden entsprechend der Störung qualvoll sein. Vor allem wegen dieser Leute schickt Allah Gesandte, „*damit es für die Menschen keinen Vorwand gibt gegen Allah*". [4:165] Nach den Gesandten macht Allah Erben für sie, die zu Allah einladen, wie Allah, der Erhabene, sagt: „*Sprich: Das ist mein Weg! Ich rufe auf zu Allah, aufgrund eines sichtbaren Beweises, ich und wer mir folgt.*" [12:108] Wisse, dass der Ruf zu Allah, dem Erhabenen, mit der Rechtleitung des gewaltigen Korans geschieht, welchen Allah herabgesandt hat auf Seinen Gesandten. Dabei leitete der Erhabene uns durch die Zunge Seines Geliebten zu Seinem Gesetz (*šarʿihi*), Seinem Pfad (*ṭarīqihi*) und Seiner Erkenntnis (*maʿrifatihi*)). Unveränderlich ist die Weisheit in Seinem Appell. Zu Seiner Erkenntnis sind uns Mittel notwendig wie zu Seiner Einsheit. Er sagt: „*Ich erschuf die Dschinnen und die Menschen, nur damit sie Mich anbeten.*" [51:56] Bei der Anbetung gibt es Mittel des Einsheitsbekenntnisses: das 'Vereinen der Handlungen', das 'der Attribute' und das 'des Wesens'. Darüber hinaus gibt es nur noch die Rückkehr zum Wesen durch das Wesen, zu den Attributen durch das Wesen und zu den Handlungen durch das Wesen. Von da an beginnt die Rückkehr und dann wird der Kreislauf vollendet.[19] Entweder ist einer nicht dazu veranlagt, sich der Störung gänzlich zu widmen: Dieser verharrt an einem Ort tiefer als die Tiere: „*Sie sind wie das Vieh – nein, noch verlorener!*" [7:179] Das sind diejenigen, die nie eintreten können in

19 Siehe hierzu Darstellung.

den Kreislauf des 'ausgesprochen, nachgeahmten Einsheitsbekenntnisses' (*at-tawḥīd al-qawlī at-taqlīdī*) entsprechend dem Worte des Erhabenen: „*Sprecht: Wir glauben an Allah und was auf uns herabgesandt ward und was auf Abraham und Ismael, auf Isaak und Jakob und auf die Stämme herabgesandt ward. Und an das, was Mose und was Jesus überbracht ward und was überbracht ward den Propheten von ihrem Herrn. Wir machen zwischen keinem von ihnen einen Unterschied. Wir sind Ihm ergeben.*“ [2:136] Oder in das 'konsequente Einsheitsbekenntnis' (*at-tawḥīd al-istidlālī*) entsprechend Seinem Wort: „*Wir werden ihnen unsere Zeichen zeigen überall in den Sphären und in ihnen selbst, bis ihnen klar geworden ist, dass Er die Wahrheit ist.*“ [41:53] Oder in das '*mit den Augen bezeugen*de Einsheitsbekenntnis' (*at-tawḥīd aš-šuhūdī*) entsprechend Seinem Wort: „*Allah bezeugt, dass kein Gott ist außer Ihm – so auch die Engel und die das Wissen haben – der da die Gerechtigkeit aufrichtet. Kein Gott ist außer Ihm, dem Mächtigen, dem Weisen.*“ [3:18] Die Leute der Einsheit sind die Vollkommenen, welche in den Welten offenbaren, was sie wollen. Und Allah, der Erhabene, teilt die Schlüssel des Verborgenen mit.

Der zweite Hauptteil handelt von der Erklärung der 'Rückkehr': Wisse, o mein Bruder, dass die Rückkehr ihren Anfang mit der Auferstehung (*al-ḥašr*) nimmt und ihr Ende mit dem jenseitigem Leben, das ist *an-našr*. Der Geist wird nach dem Tod von dem Sein getragen, mit welchem er fortwährend besteht. Das ist das wahrhafte Sein (*al-wuǧūd al-ḥaqqānī*). Wenn der Verstorbene von den Leuten der Einsheit ist, ist er nicht gebunden an das Zwischenleben (*al-barzaḫ*)[20]

20 Gemeint ist die Existenz im Grab nach dem diesseitigen Tod und vor dem Wiederauferstehen am Tag der Abrechnung.

und auch an keine andere Sphäre. Vielmehr ist dieser nach Belieben frei. Wenn der Verstorbene von den Rechtschaffenen ist, hängt sein Geist nach dem Tod an *'Illīyīn*, während der Elende in *Siǧǧīn* verweilen wird.[21] Allah, der Erhabene, spricht: „*O ihr, denen die Schrift gegeben ward, glaubt an das, was Wir hinabsandten, bestätigend was ihr habt, bevor Wir [eure] Gesichter verwischen und sie nach hinten versetzen oder euch verfluchen, wie Wir die Sabbatgesellen verfluchten. Und Allahs Befehl ward vollzogen.*" [4:47] Die Elenden werden entstellt oder ihre Gesichter werden auf ihre Rücken versetzt. Ihre Entstellung vollzieht sich entweder vor dem Tod, nämlich so wie die vergangenen Völker verwandelt wurden, hier insbesondere das eine Volk, dessen Schicksal im *Rūh al-Bayān*[22] Erwähnung findet; oder nach dem Tod, wenn jeder Einzelne von ihnen seiner Natur entsprechend in die Form eines Tieres hineingezwängt wird. War er doch vorher ein Tier in der Form eines Menschen! Wenn sich mit dem Tod der Geist löst, manifestiert sich die tierische Form auf der Grundlage seines Charakters. Die Lehren von *Tanāsuḫiyya*, *Tamāsuḫiyya*, *Tarāsuḫiyya* und *Tafāsuḫiyya* meinen hingegen, dass der Geist, wenn er sich vom Körper löst, in den Leib eines anderen Menschen gelange. Das sind die Verfechter der *Tanāsuḫiyya*. Oder in den eines Tieres: Das sind die Anhänger der *Tamāsuḫiyya*. Oder in Pflanzen oder Mineralien und somit ewig verweilen: Das sind die Leute der *Tarāsuḫiyya*. Oder nicht so bleiben, aber vom Mineral zur Pflanze und weiter zum Tier und zum Menschen wandern und dies bis in die Ewigkeit: Das ist die *Tafāsuḫiyya*.

21 Mit 'Illīyīn ist hier ein Ort im Paradies, mit Siǧǧīn ein Ort in Ǧahannam gemeint. Beide Wörter sind aus dem Koran, Sure 83, al-Muṭaffifīn.

22 Titel des Korankommentars des osmanischen Gelehrten Ismāʿīl Ḥaqqī al-Brūsawī (gest. 1137/1725).

Das ist [alles] Irrlehre und zwar aus zwei Gründen. Erstens: Sie behaupten, dass die Geister selbständig nicht bestehen könnten. Vielmehr bedürften sie eines Leibes, mit dem sie bestehen. Dieser Leib ermögliche durch sich selbst ihr Bestehen während der Wanderung. Tatsächlich aber benötigen sie keinen anderen Leib. Zweitens: Bei der Wanderung ermögliche eine Nichtexistenz ihr Bestehen durch sich selbst. Dann aber fehlt eine Grundlage und die Geister würden nicht notwendigerweise mit dem Sein des Wahren bestehen.

Wisse, dass der Geist mit einem natürlichen Körper fleischlich wird wie die Bewohner des Paradieses oder mit einem elementaren Körper wie die Bewohner der Hölle, wobei der neue Körper dem vorherigen gleicht oder ihm zumindest ähnelt. Eine Partei – das sind die *Mutakallimūn* – behauptet aufgrund der Möglichkeit der Wiederherstellung derselben Nichtexistenz, dass er derselbe Körper sei.[23] Eine andere Partei – das sind Sufis und Weisheitslehrer (*al-ḥukamāʾ*) – behauptet aufgrund der Unmöglichkeit der Wiederherstellung derselben Nichtexistenz, dass der neue Körper dem alten nur ähnlich sei.[24] Eine weitere Partei lehrt die Wiederherstellung des zuvor zu Staub Verfallenem durch das alleinige Fortbestehen des Steißbeins, also nicht aus dem Nichts. Diese Meinung wird von den meisten *Mutakallimūn* bevorzugt. Was die Verwirklicher (*al-muḥaqqiqūn*) angeht, nehmen sie eine Mittel-

23 Einige Vertreter des Kalam, also der spekulativen theologischen Tradition, behaupten hiermit, dass Allah für die Wiederauferstehung die identischen Körper der jeweiligen Menschen aus dem Nichts neu, also ohne jede Grundlage erschaffen werde. Das hieße aber, dass aus Nichtsein Sein werde.

24 Diese Ansicht sagt aus, dass Allah bei der Wiederauferstehung komplett neue, nicht aber dieselben Körper wieder erschaffe, weil die alten bereits zu Nichts geworden wären und aus dem Nichtsein niemals Sein entstehe.

position ein: Man kehrt mit seinem Wesen zurück gemäß dem Grad der jeweiligen Vollkommenheit und derart ist die Form.[25] In Wahrheit gibt es nichts Ähnliches, denn „*jeden Tag ist Er in einer neuen Angelegenheit.*" [55:29] Und Allah spricht das Wahre und Er führt den Pfad an.

Was den Schlussteil angeht: Wisse, o mein Bruder, dass der Wahre, erhaben ist Er, von Seinem Wesen her die Welten nicht nötig hat. Jedoch besitzt Er wegen Seiner Vollkommenheit eine Bewusstheit für die Bekanntmachung Seiner Selbst in Form Seiner Attribute, Namen, Handlungen, Werke (*'āṯār*) und Weisungen (*'aḥkām*). In jeder partiellen Offenbarwerdung zeigt sich schon die Gesamtheit Seiner Vollkommenheit, damit keiner Seiner Manifestationen, erhaben ist Er, ein Mangel anhaftet. Deshalb sagt Allah, der Erhabene: „*O Iblīs, was hinderte dich, dich niederzuwerfen vor dem, was Ich mit Meinen Händen erschuf?*" [38:75] Das bedeutet: Die erste der beiden Versammlungen (*al-ǧamʿiyyatay al-'ūlā*) ist die 'Versammlung der göttlichen Wesenheiten' (*ǧamʿiyyat al-ḥaqā'iq al-'ilāhiyya*) und die letzte die 'Versammlung der geschöpflichen Wesenheiten' (*ǧamʿiyyat al-ḥaqā'iq al-ḫalqiyya*). Adam – Frieden auf ihm – befindet sich in beiden Versammlungen. Es gibt keine Ausnahme bei den göttlichen Namen; sie werden alle durch die Menschengattung verwirklicht. Ferner gibt es keine Ausnahme bei den geschöpflichen Namen. Der Mensch umfasst die Gesamtheit der Wesenheiten: „*Er lehrte Adam alle Namen.*" [2:31][26]

25 Dies wird im weiteren Verlauf des Textes weiter erhellt. Demnach kehrt sich im Jenseits das Innere im Menschen nach außen. Vollkommene erhalten dementsprechend schöne, Verdammte hässliche Formen.

26 Das soll dieser Ansicht nach der zitierte Koranvers meinen: Der durch

So du dies erkannt hast, wisse, dass jenes, was sich an Machtwundern (*al-muʿǧizāt*) bei den Propheten und Huldwundern (*al-karamāt*) bei den Gottesfreunden zeigt, die Wesenheiten sind, die der Wahre in ihnen hervorbringt. Sie [die Propheten und Gottesfreunde] legen die Wesenheiten offen, so wie Mose – Frieden auf ihm – seinen Stab am Meer schlug, dieses sich spaltete und die Kinder Israels es durchquerten; oder wie Āṣif b. Baraḫyā[27] – Frieden auf ihm – den Thron der Balqīs in einem Augenblick herbeischaffte.

Schau auf diese beiden Wunder! Sie beide und dergleichen mehr sind Enthüllungen von göttlichen Wesenheiten mithilfe der göttlichen Schaffenskraft. Suche und schätze sie! Was die Offenlegung der göttlichen Wesenheiten angeht, ist da die Enthüllung des Geheimnisses des Ilyās – Frieden auf ihm. Er – einer von den Kindern Israels – wurde zum Dorf Baalbek gesandt. Er entsprang der Wahrheit des Propheten Idrīs. Dadurch war er in Wirklichkeit Idrīs. Deshalb sagte der Prophet – Allah segne ihn und schenke ihm Heil: „*Gewiss, Ilyās ist Idrīs.*" Dies war möglich, weil er den Rang des Einsseins (*ṣāḥib al-ʾaḥadiyya*) besaß. Durch das, was der Wahre ihm wünschte, enthüllte er die Wesenheiten, die dadurch verwirklicht wurden in beiden Welten, im Diesseits wie danach – ohne an irgendetwas gebunden zu sein. Hiermit erklärt sich die Enthüllung der Kinder Israels als Affen und Schweine und die

Adam personifizierte Idealmensch sei ein kleiner Kosmos, da der Kosmos aus den Manifestationen der Gottesnamen zustande kommt und der Idealmensch alle Gottesnamen in sich widerspiegelt. Das soll dieser Ansicht nach der zitierte Koranvers meinen.

27 Name des Wesirs König Salomos, der nach Koran 27:40 (an-Naml) durch die Huld Allahs innerhalb eines Augenblicks den Thron der Königin von Saba herbeischafft. Über ihn heißt es an der Stelle, dass er Wissen aus der Schrift besitzt (allaḏī ʿindahu ʿilman mina l-kitāb).

Enthüllung des Emirs der Hadsch zur Zeit des al-Ma'mūn[28] als ein Schwein. Das ist so wie im Koran, in der Geschichte der Kinder Israels, wie sie im Kommentar des al-Ḥaqqī an der Stelle der Deutung des Gotteswortes vorkommt: „*O ihr, denen die Schrift gegeben ward, glaubt an das, was Wir hinabsandten, bestätigend was ihr habt.*" [4:47] Von dieser Art ist die Enthüllung der Paradiesbewohner mit dem, was in ihnen ist an Wesenheiten, dem Guten und Schönen, Tag für Tag, bis sie zu Engeln werden. Und die Höllenbewohner legen das offen, was in ihnen ist, an Hässlichem und Grausamem, Tag für Tag bis sie Teufel werden.

Nimm dies und schütze dich vor den Leuten des Irrtums, vor der *Tanāsuḫiyya*, *Tamāsuḫiyya*, *Tarāsuḫiyya* und *Tafāsuḫiyya* – denn das durch sie Gesagte beweist gar nichts – bestehend mit dem absoluten Sein des Wahren.

Wie kann der Wahre, erhaben sei Er, anders sein als die Welt, wo doch die Welt durch Ihn besteht? Und wie kann Er die Wesenheit der Welt sein, wenn Er existierte, als noch keine Welt war?

Gelobt sei Allah, der Herr der Welten, und möge Allah Seinen Segen und Frieden unserem Herrn Muḥammad, dessen Leuten und dessen Gefährten insgesamt spenden.

28 Der siebte Abbasidenkalif (gest. 218/833).

Zweites Traktat

al-Yāqūt al-Ḥamrāʾ ʿalā ṣ-Ṣalāh aṣ-Ṣuġrā

Der Rubinstein auf der kleinen Eulogie

Allāhumma[29] segne das geheimnisvolle Wesen unseres Herrn Muḥammad und das überfließende Verborgene, die Gottesnatur der Schönheit, die Menschennatur der Verbundenheit, die Schau des Wahren, den, der die Blicke des Anfanglosen auf sich zieht innerhalb der anfanglosen Schöpfung, innerhalb des Bogens der Menschennatur der unmittelbaren Verbundenheit, *allāhumma* segne durch ihn, in ih,m aus ihm, ihn und schenke ihm Heil.

Allāhumma ṣalli ʿalā ḏ-ḏāti l-muṭalsam wa-l-ġaybi l-muṭamṭam lāhūti l-ǧamāl nāsūti l-wiṣāl ṭalʿati l-ḥaqq kaṯūbi ʾinsāni l-ʾazal fī našri man lam yazal fī qābi nāsūti l-wiṣāli l-ʾaqrab allāhumma ṣalli bih fīh minh ʿalayh wa-sallim.

Im Namen Allahs, des Allerbarmers, des Barmherzigen

Die Rede von der *Basmala* ist zahlreich unter den Philologen, Rechtsgelehrten, den Sufis und den Leuten der Wahrheit *(ahl al-ḥaqīqa)*. Jedoch erwähne ich hier bzgl. der *Basmala* nur das, was zu mir [an Erkenntnis] gekommen ist von der höchsten Stufe des Einsheitsbekenntnisses, welche das 'Einssein der Vereinigung' (*ʾaḥadiyyat al-ǧamʿ*) bzw. das 'Einssein der Trennung' (*ʾaḥadiyyat al-farq*) ist. Allah, der Erhabene, sagt:

29 *Allāhumma* habe seinen Ursprung in *yā Allāh ʾummanā* (o Allah, führe uns an!), so Muḥammad Nūr an anderer Stelle. Diese Meinung ist auch im *Lisān al-ʿArab* zu finden.

„Sprich: Rufet Allah oder rufet ar-Raḥmān – wie ihr Ihn auch rufen mögt, zu Ihm gehören die schönsten Namen.“ [17:110] Also: *„Sprich: Rufet Allah“*, d.h. den Namen, der das undefinierbare Wesen (*aḏ-ḏāt al-muṭlaqa*), die *Ulūhiyya* bezeichnet, oder *„ar-Raḥmān“*, den Allerbarmer, d.h. den Namen, der die *Raḥmāniyya* benennt. Oder rufet Ihn mit einem anderen Gottesnamen, der das göttliche Wesen entsprechend seiner jeweiligen Modalität benennt. Jeder Gottesname bezeichnet eine Art und Weise des göttlichen Wesens. Das göttliche Wesen 'verwesentlicht sich' (*tataʿayyan*) in jeder Seinsstufe[30]. Deshalb sagt Allah, der Erhabene *„wie ihr Ihn auch rufen mögt, zu Ihm gehören die schönsten Namen“*. Also: Jeder einzelne Gottesname umfasst die Gesamtheit der schönsten Namen. So gehört jedweder Gottesname, den ihr ruft, zu den schönsten Namen. So schaue auf jenes Zusammensein der gleichen Wesenskerne (*al-ǧamʿ al-ʾaḥadī aḏ-ḏātī*) nach dem Getrenntsein in der relativen Einheit [der Vielheit] der Gottesnamen! Dies [jener Standplatz] wird erreicht durch 'die Reise zu Allah', 'in Allah', 'durch Allah', 'mit Allah' und 'von Allah' mithilfe des permanenten Gottgedenkens[31] und mit der Durchquerung

30 'Stufen' (*marātib*) dienen zur Veranschaulichung. Tatsächlich sind Seins-'Kategorien' gemeint, die kein Davor und Danach kennen. Es darf hier nicht an eine zeitliche Abfolge von einer 'Stufe' zur nächsten gedacht werden, denn das Wesen Allahs erfährt keine Veränderung. Während also in Wahrheit (*fī l-ḥaqīqa*), d.h. aus der göttlichen Perspektive, das Sein unveränderlich ist, orientiert sich der Sufi bei seinem geistigen Aufstieg an Stufen und 'Standplätzen' (*maqāmāt*). Diese existieren also nur für ihn, aus seiner geschöpflichen Perspektive. Am Ende, ans Ziel gelangt, wird er schließlich mit dem Auge Allahs auf die Schöpfung schauen und dabei nur das wahre, anfanglose und unveränderliche Sein Allahs erkennen.

31 Permanentes Gottgedenken (*aḏ-ḏikr ad-dāʾim*): Das laute oder leise Wiederholen verschiedener Namen Allahs sowie Gebetsformeln wie das Glaubensbekenntnis ist die zentrale Ekstasetechnik im Sufismus. Während sich

[der Standplätze] des Einsheitsbekenntnisses, die da sind: die 'Offenbarwerdung der Handlungen' (*taǧallīy al-'af'āl*), 'der Namen' (*al-'asmā'*), 'der Attribute' (*aṣ-ṣifāt*) und 'des Wesens' (*aḏ-ḏāt*). Danach [kommt] die Ekstase vom Zusammensein (*ǧam'*) hin zum Zusammensein im Sein, das da ist der Standplatz 'Einssein der Vereinigung und der Trennung'. Dies [alles] geschieht nicht ohne die Leitung eines vollkommenen Meisters, der die *Basmala* mit den drei Aspekten[32] lehrt. Gewiss, Allah führt auf den geraden Pfad.

Allāhumma segne das geheimnisvolle Wesen:
Allāhumma ṣalli 'alā ḏ-ḏāti l-muṭalsam

Das ist derjenige, dessen wahres Wesen nicht erfasst werden kann im Diesseits und danach. Allah, der Erhabene, sagt: *„Allah warnt euch vor sich Selbst. Er hat aber auch Mitleid mit Seinen Dienern.“* [3:30] Ferner sagt Er: *„Die Augen fassen Ihn nicht“* [6:103] und weiter heißt es: *„Du kannst Mich nicht sehen“*. [7:143] D.h., das Wesen Allahs kannst du nicht sehen,

der Anfänger auf dem Sufi-Pfad an einer eigens für ihn von seinem Meister festgelegten Anzahl von Wiederholungen orientiert und sich für die Übung von der Gemeinschaft zurückzieht, gedenkt der Fortgeschrittene ununterbrochen Allah unabhängig davon, welcher Beschäftigung er dabei äußerlich nachgeht. Permanentes heißt also verinnerlichtes Gottgedenken.

32 Auf die drei Aspekte der *Basmala* wird in anderen Traktaten, z.B. im *Maǧāli z-Zahrā'* eingegangen. Demnach steht der Name Allāh stellvertretend für das göttliche Wesen (*ḏāt*), *ar-raḥmān* für die göttlichen Attribute (*ṣifāt*) und *ar-raḥīm* für das göttliche Handeln (fi'l). Mit dieser Kenntnis soll sich der Sufi-Lehrling nun bei jeder seiner Handlungen, die er mit der *Basmala* beginnt, vor Augen führen, dass seine Handlung in Wahrheit durch Allah bewirkt wurde.

nur die *Rubūbiyya*[33], welche die Erhabenheit[34] ist. Also ist es unmöglich, das hoheitliche Wesen [der Gottheit] im Diesseits und im Jenseits zu sehen, außer mit dem Schleier der Erhabenheit, welchen die *Rubūbiyya* bildet. Vollkommener als ihre Manifestation ist aber unser Herr Muḥammad – Allah segne ihn und schenke ihm Heil. Er ist das sichtbare Wesen [der Gottheit] durch Vollendung der Attribute Allahs, wie al-Buḫārī und Muslim zu entnehmen ist: Er – Allah segne ihn und schenke ihm Heil – sprach: „*Wer mich gesehen hat, hat den Wahren gesehen.*"

Was die Bedeutung von *al-muṭalsam* betrifft: das Erhabene, das nicht zu erreichen ist außer durch ihn[35]. Ansonsten kennt sein Wesen keine Vereinigung. Denn Vereinigung und Trennung sind zweierlei. *Al-ʿIzza* bedeutet nämlich außerdem, mit der Kraft des Neids den Anderen ablehnen und ihn verschleiern[36]. Siehst du nicht, dass *Iblīs* einen Eid auf *al-ʿIzza* schwor? Sie war sein Standplatz. Er sprach nämlich: „*Bei Deiner Erhabenheit!*" (*bi-ʿizzatik*) [38:82] Er [*Iblīs*] ist die Essenz des Schleiers (*ʿayn al-ḥiǧāb*), in dem er sich befindet. Darum warf er sich nicht vor Adam nieder.

33 In der Tradition Ibn ʿArabīs wird zwischen *Ulūhiyya* und *Rubūbiyya* unterschieden. *Ulūhiyya* meint Allah in seinem Alleinsein ohne ihn in ein Verhältnis zu setzen, denn er bedarf der Welten und der Schöpfung nicht. Die *Rubūbiyya* (Herrschaftlichkeit) hingegen meint Allah im Verhältnis zum Menschen, also in seiner Rolle als dessen Herrscher/Herr. Was sich dem Menschen zeigt, was dieser von Allah kennt oder durch Offenbarung weiß, kann, solange er nicht hinter die Vielheit der Manifestationen und die Zweiheit von Mensch und Gott zu blicken vermag, nur Herr (*rabb*) sein, nicht Allah in seinem wahren, tiefsten Wesen, *al-Ḥaqq*. Vgl. Chittick 1989, S. 61.

34 *al-ʿIzza*: Erhabenheit über alles, was nicht Gott selbst ist.

35 Das Personalsuffix bezieht sich wahrscheinlich auf den Propheten, nur fehlt die Eulogie, die sonst nie fehlt.

36 Gemeint ist Hochmut, der Hauptcharakterzug Satans.

Der Sinn des Ganzen ist damit: *Allāhumma* segne Dein Wesen, welches ist die Wahrheit unseres Herrn Muḥammad – Allah segne ihn und schenke ihm Heil – der mit Allahs Attributen Sichtbare.

und das überfließende Verborgene
wa-l-ġaybi l-muṭamṭam

D.h. das Verborgene, das nicht einfach sichtbar wird, aber auch nicht einfach verborgen bleibt. Vielmehr ist er der Erste und der Letzte, der Sichtbare und der Verborgene. Somit meint *al-ġayb al-muṭamṭam* den die Gesamtheit der Seinsstufen Umfassenden. Deshalb rühmt die erhabene Gottheit diejenigen, die am Verborgenen festhalten (*yu'minūn bi-l-ġayb*), wie Er auch diejenigen rühmt, die am Offenkundigen festhalten (*yu'minūn bi-š-šahāda*). Denn Er sagt: „*Allah bezeugt, dass es keinen Gott gibt außer Ihm; und mit Ihm die Engel und die Fortgeschrittenen im Wissen, unerschütterlich in der Gerechtigkeit. Es gibt keinen Gott außer Ihm, Er ist der Gerechte, der Richtende.*" [3:18]

„*Allāhumma*, segne das verborgene Wesen" ist gleichbedeutend mit „[segne] den mit der Eigenschaft, die Gesamtheit der Seinsstufen zu umfassen, der göttlichen wie geschöpflichen", d.i. unser Herr Muḥammad – Allah segne ihn und schenke ihm Heil. Er ist – Allah segne ihn und schenke ihm Heil – der Umfasser des Alls – in seiner Form wie in seinem wahren Wesen.

Wisse, dass das Verborgene das Äußerste der latenten Hinweise markiert, da, wo keine Sprache existiert. Vielmehr ist Sprache nur im Offenkundigen [in der Phänomenenwelt] möglich. Ferner gehört sogar alles, was die Leute der Wahrheit ausssprechen, noch zum Standplatz der 'relativen Einheit in der Vielheit' (*wāhidiyya*), nicht zur *Ahadiyya*, zum Einssein, welche der *Maqām* unseres Herrn Muḥammad ist – Allah segne ihn und schenke ihm Heil. 'Umar b. al-Fāriḍ[37] – geheiligt werde sein Geheimnis – sagt: *„Durchstreife alle Stufen der Vereinigung, laß dich nicht ein mit einer Schar, die ihre Lebenszeit mit anderem vergeudet.“*[38] Die 'Stufen der Vereinigung' meinen die drei Standplätze: das 'einfache Zusammensein' (*al-ǧamʿ*), die 'Präsenz des Zusammenseins' (*ḥaḍrat al-ǧamʿ*), das 'tiefe Zusammensein' (*ǧamʿ al-ǧamʿ*) und das 'wesenhafte Einssein'. Letzteres ist ausschließlich für unseren Herrn Muḥammad – Allah segne ihn und schenke ihm Heil – bestimmt. Daraus wird bekannt, dass er – Allah segne ihn und schenke ihm Heil – *al-ġayb al-muṭamṭam* ist, d.h. 'das überfließende Meer' (*al-baḥr az-zāḫir*). Und Allah ist der Rechtleitende.

die Gottesnatur der Schönheit
lāhūti l-ǧamāl

Die Gottesnatur (*al-lāhūt*) umfasst die Attribute und die Namen Allahs. Wisse, dass das Wesen Allahs seine Wahrheit ist. Ist das [göttliche Wesen] [auf irgendeinem Wege] erfassbar? Eine der zahlreichen theologischen Schulen behauptet, das Wesen sei sowohl im Diesseits als auch im Jenseits [mit dem Verstand] erfassbar. Eine andere Schule behauptet, dies sei ausschließlich im Jenseits möglich. Eine dritte behauptet hingegen, dass es weder im Diesseits noch im Jenseits möglich sei, das göttliche Wesen vollkommen zu begreifen. Letztere ist eine gültige Meinung. Denn die Gottesschau im Jenseits (*ar-ruʾya*) beruht nicht auf Erfassen. Das Wesen ist [für das Auge]

37 Gefeierter Sufi-Dichter (gest. 632/1235 in Kairo)

38 Jacobi S. 92.

[durchaus] sichtbar, nur theoretisch, mit dem Verstande nicht erfassbar. Allah, der Erhabene, sagt: *„Nicht erfassen sie Ihn mit Wissen."* [20:110] Was die Attribute hingegen betrifft, können diese durch Wissen erkannt, jedoch wegen ihres rein gedachten Verhältnisses mit dem Auge nicht gesehen werden. Was die Handlungen betrifft, sind diese wegen ihrer sinnlichen Implikationen sowohl begreifbar wie auch sichtbar.

Daher sollst du 'die göttlichen Präsenzen' kennen: die 'Präsenz des Wesens'; die 'Präsenz der Gottesnatur' entspricht den Namen und Attributen; die Welt der Allgewalt (*al-ǧabarūt*) entspricht den 'Wesenheiten' *(al-ḥaqā'iq)*; die Formen (*al-miṯāl*); die Menschennatur *(an-nāsūt)*; und *al-Ǧamāl* meint die göttliche Schönheit, die den Formen inhärent ist.

Also ist die Bedeutung: *Allāhumma*, segne den Manifestationsort der Gottesnamen und der Attribute, den Umfasser der Schönheit, unseren Herrn Muḥammad – Allah segne ihn und schenke ihm Heil.

die Menschennatur der Verbundenheit
nāsūti l-wiṣāl

An-Nāsūt entspricht der 'Präsenz des Körpers', welche der Manifestationsort der Geister ist. *Al-Wiṣāl* ist die sinnliche Verbindung (*al-'ittiṣāl aš-šuhūdī*) innerhalb des Standplatzes des 'tiefen Zusammenseins', weshalb man sagt: Die vollkommene Schau befindet sich auf dem Standplatz des tiefen Zusammenseins. Das ist die Schau des Propheten – Allah segne ihn und schenke ihm Heil! Denn er umfasst die Gesamtheit der Seinsstufen und er ist die Substanz jeden Dinges (*mādda kull šay'*) – Allah segne ihn und schenke ihm Heil! Er ist die Synthese aus Majestät und Schönheit und *gewiss ist sein Charakter erhaben* [68:4], weil sein Charakter der ruhmreiche Koran ist. Er ist es, der *„für die Gläubigen Mitleid und Erbarmen verspürt“* [9:128], während in Jesus – Frieden auf ihm – die Gelöstheit (*al-basṭ*) überwog. Er legte seinem Volk keine Bürden auf, da die Kinder Israels bereits schwer geknechtet wurden. Sie aber gehorchten ihm dennoch nicht, woraufhin er in den zweiten Himmel hinaufstieg. Erstmalig beteten Priester und Mönche in Richtung Nazareth und *„das Mönchtum erfanden sie selber; Wir schrieben ihnen nur vor, nach Allahs Wohlgefallen zu trachten; doch sie befolgten es nicht wahrhaftig.“* [57:27] Was Mose – Frieden auf ihm – und Noah und andere angeht, waren sie beherrscht von der Beklommenheit und vom Schrecken Allahs (*al-qabḍ wa-l-ǧalāl*), sodass ihr Volk litt, was sie an Mühsal erleiden mussten. Unser Herr Muḥammad jedoch – Allah segne ihn und schenke ihm Heil – besitzt die Menschennatur der [ausnahmslosen] Verbundenheit (*nāsūt al-wiṣāl*). Er wurde gesandt mit einer ausgesprochen duldsamen Lehre, weshalb es heißt: *„Ich war schon Prophet, als sich Adam noch zwischen Wasser und Lehm befand.“* Und mit Allah kommt der Erfolg.

die Schau des Wahren

ṭalʿati l-ḥaqq

Ṭalʿa in der Bedeutung von Schau, visio (*ar-ruʾya*) meint die Schau Muḥammads – Allah segne ihn und schenke ihm Heil! Die Schau des Wahren (*ruʾyat al-ḥaqq*) betrifft den vollständigen Manifestationsort des Erhabenen, wie es in dem *Ḥadīṯ* heißt, in dem er spricht: *„Wer mich gesehen hat, hat al-Ḥaqq gesehen“* – entnommen aus al-Buḫārī und Muslim. Was seine Menschlichkeit angeht – Frieden auf ihm –, ist es nicht dasselbe. Allah, der Erhabene sagt: *„Sprich: Ich bin nur* *ein Mensch wie ihr.*" [41:6] Denn der Mensch hat kein wahres Sein, aber einen Spiegel für die Namen des Wahren oder er trägt eine Wesenheit des wahren Seins (*ḥaqīqat wuǧūd al-ḥaqq*) in sich. Daneben besitzt nichts wahres Sein, da die Schöpfung aus den Implikationen der Handlungen Allahs besteht. Das Wesen des Wirkenden tritt nicht an die Oberfläche der Phänomenenwelt, wie der Geschichte Ibrāhīms – Frieden auf ihm – zu entnehmen ist, die Allah in Seinem Buch erzählt. ***„Als die Nacht hereinbrach, sah er einen Stern, worauf er sagte: Dies ist mein Herr …*** " [6:76] usw. Nachdem Ibrāhīm – Frieden auf ihm – die Wissbegierde und die Suche gemeistert hatte, erkannte er die Gegenwart des Wahren in jedem Ding wegen dessen Urbeständigkeit (*qayyūmiyya*) durch Ihn, den Erhabenen. Der Erhabene offenbarte sich ihm in einer Form. Dies erfolgte immer dann, wenn er in einem Ding ein Licht, eine Pracht und Vollkommenheit erblickte. Ibrāhīm sagte ***„dies ist mein Herr***", nachdem er den Gottesnamen *an-Nūr* [das Licht] im Stern, im Mond und in der Sonne bezeugt hatte. Er sagte für jedes einzelne von ihnen ***„dies ist mein Herr***" wegen der Offenbarwerdung und des wahren Wesenskerns, nicht wegen der Verwesentlichung (at-taʿayyun) und der formhaften Manifestation (*aẓ-ẓuḥūr aṣ-ṣūrī*). Deshalb heißt es: ***„Als er (der Stern) unterging, sagte er: Ich liebe nicht die Untergehenden.***" [6:76] Ich sage hierzu nicht ***„dies ist mein Herr!***" Denn das Untergehen ist ein Attribut des Mangels, das es in der *Rubūbiyya* nicht gibt. Offenbar wollte *al-Ḫalīl*[39] erläutern, dass alles, was in seinem Wesenskern göttlich ist, nicht unbedingt vollkommen

39 Beiname Ibrāhīms.

sein muss. Wenn hingegen etwas einerseits vollkommen ist, hat es noch kein Recht verehrt zu werden, wenn es sich nicht auf die *Rubūbiyya* bezieht. Und Allah bringt den Erfolg.

der die Blicke des Anfanglosen auf sich zieht
kaṯūb 'insāni l-'azal

Kaṯūb und *Kaṯīb* mit *Wāw* und *Yā'* mit der Bedeutung der 'Sammler' (*al-ǧāmi'*); und *al-Insān* hier mit der Bedeutung Pupille[40]. Die Anfanglosigkeit (*al-'azal*) meint die erhabene Gottheit. D.h., dass unser Herr Muḥammad – Allah segne ihn und schenke ihm Heil – alle Blicke der erhabenen Gottheit in sich versammelt, also Allahs Wesen, Attribute und Namen. Er ist der endgültige Manifestationsort des Wahren, denn er ist die Quelle der Gesamtheit der geschöpflichen Manifestationen und die Manifestation der wahrhaften Entitäten. *Al-Insān* in der Bedeutung von *al-Bašar* meint einen beliebigen Menschen der Phänomenenwelt. Die Bedeutung von der 'ewige Mensch' ist: der ewigliche Mensch innerhalb des anfanglosen Wissens des Erhabenen. Die Form des ewiglichen Menschen in der Welt der Geschöpfe ist unser Herr Muḥammad als der substanziell (*māddatan*) die Gesamtheit der Formen der Menschen Umfassende. Allāhumma, leite uns durch den Rang deines Propheten – Segen und Frieden seien auf ihm!

Deshalb sagte der Schaich – geheiligt werde sein Geheimnis:

40 *Nunn al-'ayn* meint hier vermutlich *Insān al-'ayn,* also wortwörtlich 'den Menschen im Auge': d.i. die Pupille, in der der Betrachter sein Spiegelbild erblickt.

innerhalb der anfanglosen Schöpfung
fī naš̌ri man lam yazal

Die Dinge und deren Erschaffung im Einzelnen betreffend, d.h. 'in der Welt der Geschöpfe' (*fī ʿālam al-ḫalq*) wie auch 'in der Welt des Wahren' (*fī naš̌r al-ḥaqq*). Naš̌r meint die Erschaffung im Detail und man *lam yazal* meint den Wahren. Also umfasst unser Herr Muḥammad – Allah segne ihn und schenke ihm Heil – die göttlichen Manifestationen in der geschöpflichen Genauigkeit. Denn er ist die Quelle – Allah segne ihn und schenke ihm Heil.

Deshalb sagt er:

innerhalb des Bogens der Menschennatur der nächsten Verbundenheit
fī qābi nāsūti l-wiṣāli l-ʾaqrab

Dies ist ein 'latenter Hinweis' auf den Standplatz 'zwei Ellenbogen entfernt'. D.h.: Das Sein Muḥammads umfasst jeden der beiden Bögen vom Kreis des göttlichen Seins samt den Herablassungen (*bi-n-nuzūl*) und den Aufstiegen (*wa-l-ʿurūǧ*), den Bogen des Beginnens (*qaws al-ʾibdāʾ*) wie auch den Bogen der Wiederherstellung (*qaws al-ʾiʿāda*).[41] Darin sind eingeschlossen die gesamten Gottesnamen, die unter die Namenspaare *al-Mubdiʾ* und *al-Muʿīd* sowie *al-Awwal* und *al-Āḫir* fallen. Auf diese Weise fällt unter den Namen aẓ-Ẓāhir die Herablassung und auf den Namen *al-Bāṭin* der Aufstieg. Jedoch ist jener Standplatz [um den es hier geht] derjenige des göttlichen Herrn und der Präsenz der relativen Einheit[42]

41 Siehe Darstellung, S. 50.

42 Relative Einheit, weil sich in dieser Seinsstufe Allahs die Namen manifestieren; meint also die Einheit in der Vielheit der Namen.

(*al-ḥaḍrat al-wāḥidiyya*). Was den Standplatz 'Einssein in der Vereinigung' betrifft, ist das jener Standplatz, der mit 'muḥammadanisch' ausgedrückt wird. Er [der Schaich] sagt dies mit den Worten: 'die unmittelbare Verbundenheit' (*al-wiṣāl al-ʾaqrab*).

allāhumma segne durch ihn
allāhumma ṣalli bihi

weil er Dein Ort der Manifestation ist.

in ihm
fīhi

weil er die Manifestation des Alls ist (*maẓhar al-kull*).

aus ihm
minhu

weil das Sichtbare von Dir, das Sichtbare von ihm ist (*li-ʾann aẓ-ẓāhir min-ka aẓ-ẓāhir min-hu*).

ihn
ʿalayhi

weil er der Barmherzigkeit zuteil wurde, wird Alles durch ihn der Barmherzigkeit zuteil (*li-ʾannah al-marḥūm wa-l-kull marḥūm bih*).

und schenke ihm Heil
wa-sallim

D.h. möge Er ihn befreien von der Unterscheidung, die ihn nicht berührt. Und gelobt sei Allah, der Herr der Welten.

DRITTES TRAKTAT

as-Sirr al-Maǧīd fī Sayr at-Tawḥīd

Das ruhmvolle Geheimnis hinsichtlich der Reise zum Tawḥīd

Im Namen Allahs, des Allerbarmers, des Barmherzigen: Lob gebührt dem Gott, der unseren Herrn Muḥammad al-Muṣṭafā erwählt hat. Allah, der Erhabene, möge ihn segnen, wie auch seine Leute und seine Gefährten, die Sterne der Rechtleitung für den, der ihnen nacheifert.

Über die Reise zum Bewusstsein des Einen sollst du wissen, dass diese spirituelle Reise den Übungen des Gottgedenkens der hohen *Ṭarīqa* vollständig entspricht, welche die edlen Meister den Novizen einpflanzen, wenn sich bei diesen spirituelle Zustände zu zeigen beginnen.

Die Reise zum Bewusstsein des Einen nach der Art der Ṭarīqa ist, wenn die Novizen die Stationen der 'sieben Namen' für jede der sieben Seelenstufen beschreiten und deren jeweilige Lichterscheinungen[43] und Formen bezeugen. Die Meister pflanzen ihnen hier den 'Tawḥīd der Handlungen' zum Zwecke der Verinnerlichung des Einsheitsbekenntnisses ein. Der Erkenntnisstand des Novizen lautet an dieser Stelle: „Die Werke lassen auf das hoheitliche Wesen des Schöp-

43 Jede Stufe entspreche einer bestimmten Farbe, die der Novize in Visionen und Träumen sehen würde.

fers schließen." Ihre Formel ist „es gibt keine Gottheit außer Allah", die zusammen mit der Visualisierung der Aussage *„es gibt keinen Schöpfer außer Allah"* geübt wird.

Wenn sich der '*Tawḥīd* der Handlungen' durch das Erreichen der Versenkung darin verfestigt, pflanzt der Schaich den '*Tawḥīd* der Attribute' ein und dies nämlich mithilfe des Namens des göttlichen Wesens [der Name Allah], weil dieser alle Namen und Attribute zusammenfasst.

Das Gedenken des göttlichen Wesens geschieht nicht ohne die Visualisierung der unveränderlichen Attribute 'Macht', 'Leben', 'Wissen', 'Wille', 'Hören', 'Sehen', 'Rede' und 'Schaffenskraft'. Durch die Visualisierung der vollkommenen Attribute, die ausschließlich Allah zustehen, verfestigt sich der *Tawḥīd* der Attribute und eine Versenkung darin wird erreicht.

Dann pflanzt der Schaich den '*Tawḥīd* des Wesens' mithilfe des Namens „Er", *Hū*, ein, weil dieser Name auf das undefinierbare Wesen Allahs hinweist. Zusammen mit dem Gedenken des Namens *Hū* wird das Wesen visualisiert, indem die Gesamtheit der Einzelwesen im Urwesen negiert wird, in jenem Urwesen, das als *Hū* gedacht wird. Auf diesem Standplatz werden Subjekt und Objekt des Gedenkens eins. Hiermit kommen die drei Standplätze der Trunkenheit zum Abschluss.

Hiernach gibt es kein Fortschreiten mehr, weil es über das Urwesen hinaus kein Ziel gibt. Sodann kehrt der Novize zurück und lässt sich hinab.[44] Der Schaich pflanzt ihm

44 Mit der Ekstase stieg der Geist bis zum Wesen Gottes auf, um auf dem Pfad aber weiter fortzuschreiten, muss der Wollende von da hinabsteigen, sich erden und dabei seine Ekstase kontrollieren.

den Namen *al-Ḥaqq*, der Wahre, ein, zusammen mit der Visualisierung des 'Zusammenseins', welches das Bezeugen des Wahren durch den Wahren ist, bis sich der Novize in dieser Vorstellung vollkommen versenkt hat. Dann pflanzt der Schaich ihm den Namen *al-Ḥayy*, der Lebendige, ein. Dieser ist die Bedingung für die Verinnerlichung der gesamten Namen und Attribute. Sodann erblickt er die Namen und Attribute im Offenkundigen und das Wesen Gottes im Verborgenen. Dieser Standplatz ist die 'Präsenz des Zusammenseins', also die erste Offenbarwerdung des göttlichen Wesens.

Als nächstes pflanzt der Schaich ihm den Namen *al-Qayyūm* ein. *Al-Qayyūm* bedeutet: Der allein durch sein eigenes Wesen besteht, während die Werke durch ihn bestehen. Der Novize erblickt auf diesem Standplatz die Werke, die durch das Urwesen Bestand haben. Dieser Standplatz heißt das 'tiefe Zusammensein'. Durch ihn kommt die Ekstase zum Abschluss, wie das Fortschreiten zum Bewusstsein des einen Wesens seinen Abschluss findet. Das Ziel der Ekstase ist das Ende der 'Herablassung' (*nuzūl*). Der Anfang des Weges ist das äußerste Ende.[45] Hiernach kommt der Name *al-Qahhār*. Einige Sufis sagen, dass ihn niemand erreicht. Derartige Rede hat einen Grund, weil jener Standplatz nicht allein aus eigenem Antrieb zu erreichen ist, sondern vielmehr durch das Folgen der Fußstapfen des Propheten – Allah segne ihn und schenke ihm Heil. Er ist der, der zurückbleibt auf der einzigartigen Stufe.

Al-Qahhār ist derjenige, der die Vielheit der Attribute, Namen und Werke durch die Offenbarwerdung des Urwesens in jedem von ihnen überwindet. Dies ist der Standplatz vom

45 Siehe Darstellung, S. 50.

'Zusammensein in der Ureinheit, in der es keine Zweiheit gibt'. Das ist zugleich der muḥammadanische Standplatz – Allah segne ihn und schenke ihm Heil. Er allein ist der Übergeber des 'muḥammadanischen Erbes'.[46]

Gelobt sei Allah für die Vollendung dieses Werkes. Sein Segen möge auf dem Propheten und dessen Leuten ruhen – Friede auf ihnen!

46 Die höchste Stufe der Gottesfreundschaft, auch 'Pol der Zeit' genannt.

VIERTES TRAKTAT

Risalat Mašāhid at-Tawḥīd

Die Schauplätze des Tawḥīd

Gelobt sei Allah, der hinsichtlich Seines Wesens, Seiner Attribute und Seiner Handlungen eine Einheit bildet. Er ist Der durch Seine Werke und Seine Namen Sichtbare, der anhand Seiner Zeichen und deutlichen Beweise als der jeder Seele Zugrundeliegende Erkennbare. Der Segen und der Frieden sei auf dem Inhaber des 'einen Standplatzes', dessen Süße er geschmeckt und durch den er seine wahre Natur verwirklicht hat.

Zur Sache: Dieses Traktat handelt von der jesuartigen, der moseartigen und der muḥammadartigen Präsenz, auf denen der Weg der Erkennenden verläuft.

Du sollst wissen, dass die Schauplätze des Einsheitsbekenntnisses drei Klassen bilden: jesuartig, moseartig und muḥammadartig.

Was den jesuartigen Schauplatz und die jesuartige Präsenz angeht, meinen sie beide den 'freiwilligen Tod', der das 'Auslöschen' der eigenen Handlungen, das 'Auslöschen' der eigenen Attribute und das 'Auslöschen' des eigenen Wesens umfasst. Denn die Handlungen des Dieners verlieren sich in den Handlungen Allahs, des Erhabenen, dann die eigenen Attribute in den Attributen Allahs, des Erhabenen, und schließlich verliert sich das eigene Wesen im Wesens Allahs, des Erhabenen. Dies entspricht dem Worte Allahs: „*O Jesus, ich will dich von der Welt fortnehmen und dich zu Mir heraufholen.*" [3:55]

Der zweite Schauplatz ist das 'Fortleben durch Allah' und das ist der moseartige Schauplatz bzw. die moseartige Präsenz. Beide Ausdrücke meinen das 'Fortleben' der Handlungen des Dieners durch die Handlungen des Wahren, dann die Attribute des Dieners durch die Attribute des Wahren und schließlich besteht das Wesen des Dieners durch das Wesen des Wahren fort. Denn Allah sagt: „*Als er dort ankam, sprach Er: O Mose, wahrlich, ich bin Allah, der Herr der Welten!*" [28:30][47]

Der dritte Schauplatz ist der muḥammadartige Schauplatz bzw. die muḥammadartige Präsenz. Das ist der reine *Tawḥīd* und folgt auf den moseartigen Schauplatz, welcher das 'einfache Zusammensein', die 'Präsenz des Zusammenseins' sowie das 'tiefe Zusammensein' umfasst. Der reine *Tawḥīd* hingegen

47 Die Vorstellung ist die: in der sog. jesuartigen Präsenz soll das Bewusstsein einer eigenen Individualität, eines freien Willens etc. zugunsten einer alles bestimmenden Gottesvorstellung aufgegeben werden. Das Ich-Gefühl soll verschwinden, nur Allah soll existieren. Dieser Prozess vollzieht sich schrittweise, indem die eigenen Handlungen, dann die Attribute wie Sehen, Hören, Wissen, Reden, Leben, Wollen, Können und Schaffen negiert und Allah zugeschrieben werden. Schließlich wird die eigene Person negiert. Dieser Teil der spirituellen Reise entspricht *fanā* und wird auf Abbildungen als Aufstieg dargestellt. Sie ist der eine Bogen des Kreises des Einsheitsbekenntnisses (siehe Darstellung, S. 50). In der sog. moseartigen Präsenz werden Handlungen, Attribute und Wesen zurückerlangt, allerdings verändert. Jetzt herrscht nämlich das Bewusstsein, dass sie durch Allah bestehen, nicht von selbst. Gott und Mensch sind diese Beziehung eingegangen, ohne die der Mensch nicht mehr existieren kann. Anders formuliert erlangt der zuvor den 'freiwilligen' Tod Eingegangene jetzt durch Allah neues Leben. Er ist jetzt permanent mit Allah zusammen. Das ist auf Abbildungen der Bogen der Herablassung. Der Sufi kehrt sozusagen auf die Erde zurück. Das entspricht *baqā* und *ǧamʿ*.

entspricht dem 'Einssein der Vereinigung' gemäß dem Worte Allahs: „***Nicht warfst du, als du warfst, sondern Allah warf.***“ [8:17]

Allah weiß es am besten. Möge Er unseren Herrn Muḥammad, dessen Leute und Gefährten insgesamt segnen. Gelobt sei Allah, der Herr der Welten.

FÜNFTES TRAKTAT

Šarḥ ḥaqāyiq al-ʾašyāʾ li-š-šayḫ Muḥammad Nūr al-ʿArabī al-Malāmī qaddas Allāh sirrahu

Ein Kommentar zum Wesen der Dinge

Gelobt sei Allah, der Unveränderliche, dessen 'absolutes Sein' (*wuǧūduhu*) im Wissen und im Sehen (*ʿiyān*) liegt, obgleich *„die Blicke Ihn nicht fassen können, fasst Er die Blicke“* mit Wissen und Sehen. Segen und Frieden seien auf der Quelle der Großmut (*manbaʿ al-ǧūd*), Muḥammad, der da ist der vom Sein Beabsichtigte. Und Segen auf seine Leute und seine Gefährten, welche sind seine Gefolgsleute und die ihn Liebenden.

Zur Sache: Es gibt unter den Leuten die Theoretiker *(an-nuẓẓār)* und die Verwirklicher *(al-muḥaqqiqūn)*, die hinsichtlich der Wesenheiten der Phänomenendinge (*ḥaqāyiq al-ʾašyāʾ*) Meinungsverschiedenheiten haben. Da gibt es diejenigen, die sie [die Wesenheiten der Dinge] leugnen. Das sind die Sophisten (*al-ḥisbāniyya*). Dann gibt es diejenigen, die sie als gesichert hinstellen. Das sind [verschiedene] Parteien *(wa-hum ṭawāʾif)*: Unter ihnen sind solche, die sie mit Wissen und Sehen zu beweisen suchen. Das sind die Muʿtaziliten. Dann sind da solche, die sie nur mit Sehen zu beweisen suchen. Das sind die Ašʿariten. Daneben gibt es diejenigen, die sie bloß mit Wissen bestätigen. Diese sind zwei Parteien: Die Erkennenden (*al-ʿārifūn*) bestätigen sie mit bloßem Wissen. Sie sagen, das Seiende habe Seinsmodalitäten (*ʾaḥwāl*), die durch das absolute Sein des Wahren existieren. Die Verwirklicher sagen hingegen: Das Seiende hat feste Entitäten (*'a'yān*), die durch das Sein des Wahren bestehen. Das ist wahr. Den Sophisten zufolge gäbe es ein unveränderliches 'Notwendiges' (*aḍ-ḍarūra*), denn dies würde die sinnliche Wahrnehmung (*al-ḥiss*) bezeugen. So ist es auch nach den Aš'ariten.

Die Mu'tazila liefert drei Argumente: Erstens ist ein Ding entweder Substanz oder Akzidens. Das Akzidens dauert keine zwei Zeiten, weil es nicht von alleine Bestand hat (*lā yaqūm bi-nafsihi*). Was keine zwei Zeiten dauert, hat keine unveränderliche Wesenheit. Somit hat das Akzidens keine unveränderliche Wesenheit. Was die Substanz angeht, so ist auch ihr Wesen ein Akzidens, weil sie nur an einen Raum gebunden von alleine besteht. Alles von dieser Sorte ist ein Akzidens. Die Substanz ist im Wesen ein Akzidens. All das, dessen Wesen ein Akzidens ist, kann keine unveränderliche Wesenheit besitzen. Zweitens hat die Individualsubstanz (*ǧawhar al-fard*) kein Sein innerhalb der Befehlsseele (*nafs al-'amr*). Außer, es entsteht notwendigerweise eine Richtung für sie (die Substanz). Dann nimmt die Substanz das göttliche Los (*al-qisma*) an. So gibt es keine Individualsubstanz. Festzuhalten ist, dass ihr Sein kognitiv ist (*ḏihniyy*). Und alles, dessen Sein kognitiv ist, hat kein Wesen, das unveränderlich ist. Drittens ist das Seiende, das äußerlich ist, ein Körper, keine Individualsubstanz, wie bereits festgestellt. Ein Körper ist entweder ruhend oder in Bewegung – nicht anders.

Der Stillstand (*as-sukūn*): Zwei Dinge der Außenwelt (*kawnān*) befinden sich innerhalb zweier Momente an einem Ort. Es steht fest: Die Vielzahl der Seinsmodi (*ta'addud al-*

ʾakwān) befindet sich im Stillstand, weil notwendigerweise ein Ding der Außenwelt in jedem Moment entsteht. Somit hat der Stillstand keine unveränderliche Wesenheit.

Die Bewegung (*al-ḥaraka*): Zwei Dinge der Außenwelt befinden sich innerhalb zweier Momente an zwei Orten. Dann wird auch die Vielzahl der Seinsmodi hinsichtlich des Bewegtseins notwendig. Somit hat [auch] [die Bewegung] keine unveränderliche Wesenheit.

Was der Schule der Verwirklicher vorgeworfen wird, sie seien Leute der Inkarnation und der Vereinigung, wird von den Theoretiker (*an-nuẓẓār*) behauptet. Das ist ihre Wissenslücke hinsichtlich der Schule der Verwirklicher. Und Allah weiß esbesser.[48]

48 Das 'Wesen der Dinge' meint das, „wodurch ein Ding ist, was es ist" (*„mā bi-hi šayʾ huwa huwa*", Ǧurǧānī, S. 40). Für Muḥammad Nūr und Ibn ʿArabī existieren die Dinge nicht durch sich selbst, sondern allein durch das absolute Sein des Wahren. Also ist Allah das Wesen der Dinge. Und nur Er ist unveränderlich.
Muḥammad Nūr skizziert die Thesen der ihm bekannten Denkströmungen im Hinblick auf die von ihnen postulierten ontologischen Kategorien. Er überprüft diese dahingehend, ob es sich bei diesen um feste, also unveränderliche und durch sich selbst existierende (ṯābit) Entitäten, also um Wesenheiten handelt.
Mit Sophisten sind hier Skeptiker gemeint. Sie sollen die Ansicht vertreten haben, das eigentliche Wesen der Dinge sei nicht zu ermitteln. Die meisten muslimischen Denkströmungen, so scheint es, sind wohl von der gegenteiligen Annahme ausgegangen. Ihre Argumente hätten sich auf „Wissen" oder „Sehen" oder, wie im Falle der Muʿtazila, auf beides gestützt. Was hier mit „Wissen" und „Sehen" gemeint ist, wird nicht ausdrücklich erklärt. Die Erkennenden (*al-ʿārifūn*) und die Verwirklicher (al-muḥaqqiqūn) würden sich allein auf 'Wissen' stützen. Das hieße, das Erkenntnis (*maʿrifa*) und Wahrheit (*ḥaqīqa*), die nach der Sufi-Lehre beiden tiefsten epistemologischen Ebenen,

auf eben jenem 'Wissen' basieren. 'Wissen' meint dann vermutlich solch 'geoffenbartes' bzw. 'göttlich inspiriertes'. 'Sehen' dagegen könnte im Gegensatz zum geoffenbarten, den sinnlich-rezeptiven Erkenntnisweg meinen, der sich an der bloßen Anschauung der Dinge orientiert.
Muḥammad Nūr gibt den Verwirklichern recht. Das Wesen der Dinge sei Gott selbst mittels 'fester Entitäten' (*ʾaʿyān ṯābita*). Diese seien die Formen der Dinge, die in der Imagination Gottes seit Ewigkeit existieren.

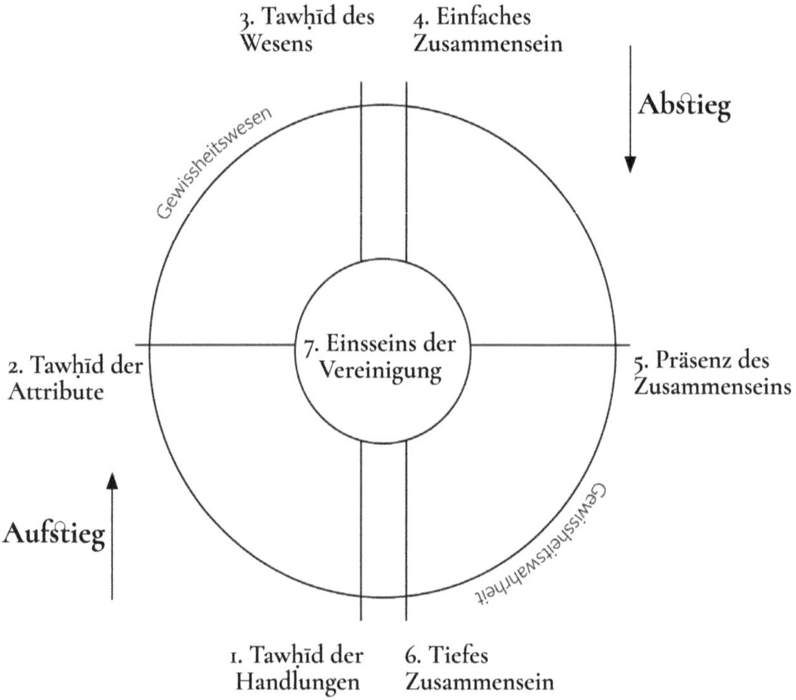

Appendix

3. Tawḥīd des Wesens

4. Einfaches Zusammensein

Abstieg

Gewissheitswesen

7. Einsseins der Vereinigung

2. Tawḥīd der Attribute

5. Präsenz des Zusammenseins

Aufstieg

Gewissheitswahrheit

1. Tawḥīd der Handlungen

6. Tiefes Zusammensein

Darstellung: Kreis des Einsheitsbekenntnisses

Der 'Kreis des Einsheitsbekenntnisses' oder die 'Reise zu Allah'

Diese Kreisdarstellung, die auf einer Zeichnung Muḥammad Nūrs basiert[49], dient zum einen zur Veranschaulichung des geistigen Prozesses, die der 'Wollende' (*mūrid*) abschließen muss, um vollständig zum Bewusstsein des Einen zu gelangen. Zum anderen ist der Kreis Teil der Kosmologie, also als Darstellung einer Wirklichkeit gemeint, denn es heißt z.B., dass das Sein des Propheten den Kreis völlig ausfülle.[50] Demnach würde der Wollende mit dem Prozess seiner Vervollkommnung die Sphäre des göttlichen Seins in seinem Geist umrunden.

Die folgende Beschreibung geht aus dem Inhalt von Das ruhmvolle Geheimnis (S. 38ff) und den beiden osmanischen Texten Dā'iret el-Vüǧūd[51] und Muršid el-ʿUššāḳ[52] hervor.

Der Wollende beginnt mit dem (1) '*Tawḥīd* der Handlungen (*al-'afʿāl*)': Er verinnerlicht dabei den Gedanken, dass sich hinter seinen Handlungen und denen der Anderen allein Allah als Handelnder verbirgt. Wenn er die völlige Versenkung in diesen Gedanken erreicht hat, geht er über zum (2) '*Tawḥīd* der Attribute' (*aṣ-ṣifāt*): Jetzt meditiert er die Attribute Allahs gemäß der māṭūriditischen Glaubenslehre, also 'Macht', 'Leben', 'Wissen', 'Wille', 'Hören', 'Sehen', 'Rede' und 'Schaffenskraft'. Er macht sich bewusst, dass diese nur Allah zustehen und negiert sie in seiner eigenen Person. Wenn er sich völlig

49 Am Ende des Traktats *Dā'iret el-Vüǧūd fī Beyān Maḳām el-Maḥmūd*; Hs.: Istanbul Atatürk, Osman Ergin 702, 23a.

50 Siehe oben S. 36.

51 Siehe Fn 49.

52 Hs. Istanbul Atatürk, Osman Ergin 992, 37b-43b.

in die Vorstellung versenkt hat, dass es Allah ist, der hört, sieht, redet, weiß, schafft, will, kann und lebt, dann geht er über zum (3) '*Tawḥīd* des Wesens' (*ḏāt*): Die Existenz der Einzelwesen wird im Geiste negiert und nur Gottes Sein akzeptiert. Die hier zu meditierende Formel lautet „Es ist nichts seiend außer Allah". Mit der Versenkung darin erfährt der Wollende Ekstase und Gottesliebe. Das 'Gewissheitswesen' (*ʿayn al-yaqīn*) ist erreicht.

Was der Beschreibung nach in den genannten drei Standplätzen passiert, wird Auslöschen bzw. Entwerdung (*fanāʾ*) genannt. Der Geist steigt dabei auf (*ʿurūǧ*) und erreicht mit dem *Tawḥīd* des Wesens die höchstmögliche Stelle. Danach lässt er sich herab (*nuzūl*), das heißt, er erdet sich. Es folgen die Standplätze des Fortbestehens (*baqāʾ*). Während des (4) 'einfachen Zusammenseins' *(al-ǧamʿ)* schaut und bekennt der inzwischen zum Gottesfreund gewordene die Wahrheit Gottes, den Wahren *(al-Ḥaqq)* also, auf die Weise wie Er sich selbst schaut und bekennt. „Den Wahren durch den Wahren bekennen" (*šuhūd al-ḥaqq bi-l-ḥaqq*) heißt dies. Der 5. Standplatz ist die 'Präsenz des Zusammenseins' (*ḥaḍrat al-ǧamʿ*). Hier erlangt der Freund seine Attribute zurück, aber nicht als menschliche sondern als die Attribute Allahs. Er ist jetzt Gottes Ohr, Auge, Zunge, Hand usw. Dem Freund werden die Namen und Attribute Gottes sichtbar, während das Wesen des Wahren sich seinem Auge erneut verhüllt. Durch diesen Vorgang wird er Zeuge des Schöpfungsprozesses bzw. der 'ersten Offenbarwerdung' Gottes (*at-taǧalliy al-ʾawwal*).

Der 6. Standplatz heißt das 'tiefe Zusammensein' (*ǧamʿ al-ǧamʿ*): Der Freund dringt tiefer in die Geheimnisse der Schöpfung ein. Er erkennt jetzt jede konkrete Wirken Allahs und bezeugt mit seinen Augen, das alles nur mit Allahs Beständigkeit (*qayyūmiyya*) bestehen kann. Hier endet die Ekstase und die 'Gewissheitswahrheit' (*ḥaqq al-yaqīn*) ist erreicht.

Der letzte, äußerste Standplatz ist der 'muḥammadanische' (*al-maqām al-muḥammadī*). Dieser kann nicht durch eigene Anstrengung und Kontemplation erreicht werden. Er wird nur von seinem Inhaber, dem Propheten Muḥammad selbst, überreicht. Das ist das 'Einssein der Vereinigung' (*'aḥadiyyat al-ǧam'*). Dies hieße, von allen beschränkenden Fesseln frei zu sein, die völlige Freiheit des Geistes zu erlangen.

In Das ruhmvolle Geheimnis oben sind die 'sieben Namen' (*al-'asmā' as-sab'a*) noch Teil der Lehre Muḥammad Nūrs. Das ist ein Überbleibsel seiner *Ḫalwatiyya*, der zufolge auf jedem Standplatz der *Ḏikr* eines bestimmten Gottesnamens geübt wird. Der späte Muḥammad Nūr gab dies aber auf und lehrte nur noch die Visualisierung (*rābiṭa*) wie hier erläutert.

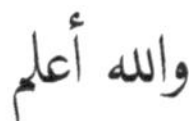

Glossar

أ

Implikation	آثار
Einssein/Ur-Einsheit	أحدية
Einssein der Vereinigung	أحدية الجمع
Einssein der Trennung	أحدية الفرق
die Anfanglosigkeit	الأزل
Menschennatur	ناسوت

ب

Ausgangspunkt, Herkunft	مبدأ
Aufdeckung/Offenlegung/Enthüllung	بروز
Fortbestehen	بقاء

ج

Welt der Allgewalt	جبروت
Offenbarwerdung	تجلّي
Zusammensein	جمع
die Synthese aus	الجمع بين
der Umfasser	الجامع

Substanz, syn. zu مادة	جوهر
Individualsubstanz	جوهر الفرد
	ح
(in der Zeitlichkeit) erschaffen	حادث
der Wahre	الحق
Gewissheitswahrheit	حق اليقين
die Wahrheit/Wesenheit	الحقيقة
Verwirklicher	محقق
	ذ
Ur-Wesen der Gottheit	ذات
	ر
Kategorien des Seins	مراتب الوجود
Rückkehr (zum Ursprung)	رجوع
	س
Seelenkern, -grund	سر القلب
	ص
Form	صورة

ط

الطبيعة	*Naturkraft*

ظ

ظهور	*(förmliche) Manifestation*
مظهر، مظاهر	*Manifestationsort*

ع

استعداد	*Veranlagung*
معاد	*Bestimmungsort, Rückkehr*
استعارة	*Metapher*
عين	*Entität, geleg. Essenz/Wesen*
عين اليقين	*Gewissheitswesen*
عيّن، تعيَّن	*„verwesentlichen"/erfassbar machen (werden)*
تعيُّن	*Verwesentlichung*

غ

غير، أغيار	*der Andere, die Anderen (Außergöttlichen)*

ف

تفريق، فرق	*Trennung*
إفراد	*das Alleinsein der Gottheit*

das Auslöschen	فناء
Strömung (der Substanz)	فيض
	ق
aufnehmend, empfangend	قابل
syn. zu التبيعة	قوة
	ك
Dasein/Phänomenenwelt/Außenwelt	كون
Seinsmodi	أكوان
Phänomene/Dinge der Außenwelt	مكونات
ins Dasein/in die Außenwelt eintreten	تكوُّن
das Präexistente (was nie ins Dasein eingetreten ist)	ما لم يكن
	ل
Gottesnatur	لاهوت
	م
Substanz	مادة
	ن
Strömungsprozess	تنزل
Herablassung	نزول

ه	
هيولى	*Hylé*
و	
وجود الحق	*das Sein des Wahren*
واحدية	*relative Einheit in der Vielheit*

Literaturverzeichnis

ANDRAE, TOR: *Die Person Muhammeds in Lehre und Glauben seiner Gemeinde*, Stockholm 1918.

AZAMAT, NIHAT: *Muhammed Nûrü'l-Arabî*, in: Diyanet Islam Ansiklopedisi Bd. 30, Istanbul 2005.

AL-ǦURǦĀNĪ, ʿALĪ B. MUḤAMMAD: *at-Taʿrifāt*, Kairo 1306h.

CHITTICK, WILLIAM C.: *The Sufi Path of Knowledge – Ibn al-ʿArabīʿs Metaphysics of Imagination*, New York 1989.

DERS.: *The Self-Disclosure of God – Principles of Ibn al-ʿArabīʿs Cosmology*, New York 1998.

CHODKIEWICZ, MICHEL: *Seal of the Saints – Prophethood and Sainthood in the Doctrine of Ibn al-ʿArabī*, Cambridge 1993.

GÖLPINARLI, ABDÜLBAKI: *Melâmîlik ve Melâmîler*, Istanbul 1931.

GRAMLICH, RICHARD: *Der eine Gott – Grundzüge der Mystik des islamischen Monotheismus*, Wiesbaden 1998.

JACOBI, RENATE: *Ibn al-Fāriḍ – Mystische Poesie aus dem 13. Jh.*, Berlin 2012.

KUNITZSCH, P. and KNAPPERT, J., "*al-Nudjūm*", in: Encyclopaedia of Islam, Second Edition, Edited by: P. Bearman, Th. Bianquis, C.E. Bosworth, E. van Donzel, W.P. Heinrichs. Consulted online on 01 July 2016 http://dx.doi.org/10.1163/1573-3912_islam_COM_0871

NASR, SEYYED HOSSEIN: *An Introduction to Islamic Cosmological Doctrines*, London 1978.

ROOB, ALEXANDER: *Alchemie&Mystik*, Köln 2015.

ULUDAĞ, SÜLEYMAN: *Amâ*, in: Diyanet Islam Ansiklopedisi Bd. 2, Istanbul 1989.

Index

A

B

D

N

O

P

Q

R

S

خمس رسائل صوفية
للشيخ محمد نور العربي

Editio Gryphus

خمس رسائل صوفية
للشيخ محمد نور العربي

تحقيق

جنيد يلدرم

Editio Gryphus
2016

فهرس

رسالة المبدأ والمعاد

الأصل:

Istanbul Büyükşehir Belediyesi Atatürk Kitaplığı, Osman Ergin Yazmaları 992, 23b-28a. أ

مخطوطات التحقيق

Istanbul BB Atatürk Kitaplığı, Osman Ergin 702, 38b-40a. ع
Süleymaniye, Mahmud Efendi 2663, 50/49b-53/52b. م
Süleymaniye, Yazma Bağışlar 2998, 64-69. ي
Konya Mevlana Müzesi, Nr. 1630, 62b-66b. ق

رسالهء المبدأ[1] والمعاد [2]

بسم الله الرحمن الرحيم

قال شيخنا العالم العلامة وأستاذنا الكامل[3] الفهامة فريد العصر[4] ووحيد الدهر[5] صاحب التآليف[6] العديدة والرسائل المفيدة حضرت الشيخ محمد نور العربي المصري الأسكوبي البدري أتحفه الله بالمقام القدسي[7] النوري وأطال حياته وأفاض علينا فيوضات[8][9]

الحمد لله الذي تجلّى بوجوده السرمدي الذي لا مبدأ له الدائم الأبدي[10] وصلى الله على البداية والنهاية محمد وآله المنسوبون بالعناية

اعلم أن هذه الرسالة[11] في المبدأ والمعاد ورتّبتها على مقدمة وأصلين وخاتمة، أقول فالمقدمة في بيان المراتب الإلهية الأصل الأول في بيان المبدأ، والأصل الثاني في بيان المعاد والخاتمة في بيان البروز

أما المقدمة اعلم يا أخي أن الذات البحت جلّ جلاله وعظم شانه فبإطلاقه وإطلاقه

1 المبداء م ي
2 ---ع، والميعاد م ي، كتاب الرشاد في المبداء والمعاد لحضرة الشيخ السيد محمد نور العربي الملامي رضي الله عنه ق
3 +المحقق ع ي
4 عصره ع ي
5 دهره ع ي
6 التأليفات ع
7 القدس م
8 فيوضاته ع م ي
9 +آمين ي
10 +الذي لا معاد له ق
11 رسالة ع م ي

عن الإطلاق هو عين كماله إذ المقيّد محصور والمحصور محدود والمحدود مُتناهٍ فالمقيد متناه فمن هذا لا يدرك ولا يرسم ولا يشار إليه ولا تدلّ العبارة عليه فيه تحيّرت العقول ودونه وقفت الفهوم قال الله تعالى ﴿وَيُحَذِّرُكُمُ اللَّهُ نَفْسَهُ ۗ وَاللَّهُ رَءُوفٌ بِالْعِبَادِ﴾[12] فمن رأفته[13] تعالى أن[14] حذّرنا عن تضييع[15] الوقت في هذا ومن رأفته علينا أنه تعالى خلقنا ليعّرف[16] إلينا[17] فقال كُنْتُ كَنْزًا مَخْفِيًّا فَأَحْبَبْتُ أَنْ أُعْرَفَ فخَلَقْتُ الْخَلْقَ لِأُعْرَفَ فأول ما خلق الله النور المحمدي صلى الله عليه وسلم فتشعشع في العماء الذي ما فوقه هواء ولا تحته هواء كما هو مروى عن أبي رُزَيْن[18] العقيلي لما سأل رسول الله صلى الله عليه وسلم بقوله أين كان ربنا قبل أن يخلق الخلق قال كان في عماء[19] اعلم أن العماء هو عبارة عن الممكنات التي طلبتها الأسماء بالذات ذي الصفات فخلق الله تعالى أولا النور المحمدي جامعا للممكنات التي أراد بها[20] الحق الظهور في العين فخلق الله من ذلك النور اللوح وأثبت فيه ما كان وما يكون من الطبيعة التي هي الأصل للهيولى التي هي قابلة لتشكل[21] الأجسام الطبيعية والعنصرية فأول ما وجد من الأجسام الطبيعية العرش والكرسي هو[22] الفلك الأطلس وهو فلك البروج والكواكب هو

12 30/3
13 +علينا ق
14 أنه ق
15 نضيح ع ي
16 ليتعرف ي
17 لنا ق
18 ذر بن ع، زرين ي، ذر ق
19 --- ع م ي ق
20 أراد لها ع ي ق
21 التشكل ي
22 و ع م ي ق

فلك المنازل وأول ما وجد من العناصر الماء فالسموات فالأرض فالنار فالهوى[23] وأول ما وجد من المواليد المعدن فالنبات فالحيوان وأوجد الملائكة من نور والجن من نار السموم والإنسان من حمأ مسنون ثم أنعم عليه بمرتبة[24] الخلافة[25] فهو الجامع لما يكون والله الهادي فهي أربعة وعشرون مرتبة

الأصل الأول في بيان المبدأ اعلم يا أخي أن مادة الإنسان أي النطفة التي يحصل منها إما من النبات أو من الحيوان المأكولين[26] له والحيوان متولد من النبات والنبات المتولد من المعدن أعني الأرض التي أصلها الطبيعة التي فيها[27] يتركب الجسم والطبيعة هي[28] نفس الرحمن الذي تنفس به أي ظهر عن النور المحمدي في اللوح فمتى تنزلت مادة[29] النبات إلى الحيوان ثم إلى العالم الإنساني ولم يتعوق فهو أحدي[30] السير وإن تعوق فليس أحدي[31] السير فبحسب تعوقها[32] تقرب[33] استعدادها[34] وتبعد[35] والتعويق[36] كلما تكرر تركم[37] عليها[38] الطبايع

23 في هامش الأصل: وأول ما وُجد من العناصر الأرض فالماء فالهواء ثم النار نسخة فهي الأصوب
24 مرتبة ق
25 خلافه م
26 المأكول ق
27 عنها ع ق، منها ي
28 في ق
29 +إلى ع ي
30 أحد ق
31 أحد م ق
32 تعويقه ع، تعوقه م ي ق
33 يقرب ع ي ق، بقرب م
34 استعداده ع م ي ق
35 يبعد ع م ي ق
36 والتعوق ق
37 يركم م ي ق
38 عليه م ي ق

المعدنية والنباتية والحيوانية وتعويقها[39] إما بروزها[40] في غير مأكول من النبات أو الحيوان أو[41] في مأكول وهلك قبل تناول أبويه أو تناولاه[42] لكن كانت النطفة غير مخلقة أو سقط قبل نفخ الروح أو مات أحد الأبوين والمادة به[43] والله يعلم مستودعها ومستقرها[44] وهذا هو السير الجسماني وأما السير الروحاني فالإنسان إن كان أحدي[45] السير فيصل[46] من غير مجاهدة وتعب ومن تعوق أشتد تعبه بقدر[47] تعويقه[48] ومن هذا أرسل الله الرسل ﴿لِئَلَّا يَكُونَ لِلنَّاسِ عَلَى اللَّهِ حُجَّةٌ بَعْدَ الرُّسُلِ﴾[49] وبعد الرسل جعل الله ورثة لهم يدعون إلى الله[50] كما قال الله تعالى ﴿قُلْ هَٰذِهِ سَبِيلِي أَدْعُو إِلَى اللَّهِ ۚ عَلَىٰ بَصِيرَةٍ أَنَا وَمَنِ اتَّبَعَنِي﴾[51] واعلم أن الدعوة إلى الله تعالى بإرشاد القرآن العظيم الذي أنزله الله على رسوله وأرشدنا[52] تعالى[53] بلسان حبيبه إلى شرعه وطريقه ومعرفته فأثبت حكمة[54] بخطابه[55] فأوجب علينا أسباب معرفته فضلا عن توحيده فقال ﴿وَمَا خَلَقْتُ الْجِنَّ وَالْإِنْسَ إِلَّا

39 تعويقه ع م ي، تعوقه ق
40 بروزه ع ي ق، برزوه م
41 +بروزه ق
42 تناولا ع ق
43 - ع
44 ﴿وَمَا مِنْ دَابَّةٍ فِي الْأَرْضِ إِلَّا عَلَى اللَّهِ رِزْقُهَا وَيَعْلَمُ مُسْتَقَرَّهَا وَمُسْتَوْدَعَهَا ۚ كُلٌّ فِي كِتَابٍ مُبِينٍ﴾ 6/11
45 أحد م ق
46 - ي، فيكمل ق
47 يقدر م
48 تعوقه ق
49 165/4
50 +على بصيرة ق
51 108/12
52 +الله ي
53 بإرشاد القرآن ... أرشدنا تعالى: ليس في ق
54 حكمه م ي
55 خطابه ع

لِيَعْبُدُونِ﴾[56] فالعبادة من أسباب التوحيد والتوحيد أفعالي وصفاتي وذاتي وما غير هذا إلا الرجوع إلى الذات بالذات وإلى الصفات بالذات وإلى الأفعال بالذات فمن حيث بدأ يرجع وتتم[57] الدائرة وإما من لم يكن له استعداد لانهماكه في التعويق[58] فينبغي[59] أن يكون أنزل من الحيوان ﴿أُولَٰئِكَ كَالْأَنْعَامِ بَلْ هُمْ أَضَلُّ﴾[60] وهم الذين لم يدخلوا في دائرة التوحيد القولي التقليدي المشار إليه بقوله تعالى ﴿قُولُوا آمَنَّا بِاللَّهِ وَمَا أُنْزِلَ إِلَيْنَا وَمَا أُنْزِلَ إِلَىٰ إِبْرَاهِيمَ وَإِسْمَاعِيلَ وَإِسْحَاقَ وَيَعْقُوبَ وَالْأَسْبَاطِ وَمَا أُوتِيَ مُوسَىٰ وَعِيسَىٰ وَمَا أُوتِيَ النَّبِيُّونَ مِنْ رَبِّهِمْ لَا نُفَرِّقُ بَيْنَ أَحَدٍ مِنْهُمْ وَنَحْنُ لَهُ مُسْلِمُونَ﴾[61] أو التوحيد الاستدلالي المشار إليه بقوله تعالى ﴿سَنُرِيهِمْ آيَاتِنَا فِي الْآفَاقِ وَفِي أَنْفُسِهِمْ حَتَّىٰ يَتَبَيَّنَ لَهُمْ أَنَّهُ الْحَقُّ﴾[62] أو التوحيد الشهودي المشار إليه فقوله[63] تعالى ﴿شَهِدَ اللَّهُ أَنَّهُ لَا إِلَٰهَ إِلَّا هُوَ وَالْمَلَائِكَةُ وَأُولُو الْعِلْمِ قَائِمًا بِالْقِسْطِ ۚ لَا إِلَٰهَ إِلَّا هُوَ الْعَزِيزُ الْحَكِيمُ﴾ فأهل الوحدة[64] هم الكاملون الذين يظهرون في العوالم ما شاؤوا والله تعالى أعلم مفتاح الغيب

والأصل الثاني في بيان المعاد اعلم يا أخي أن المعاد أوله الحشر وطرفه الآخر هو النشر فالروح بعد الموت مركبها الوجود الذي هي به متقومة وهو الوجود الحقاني فإن كان الميت من أهل الوحدة[65] لم يتقيد في البرزخ ولا في كل عالم

56 56/51
57 يتم ق
58 التعوق ق
59 فينبقي م، فيبقى ي، فليبقى في ق
60 179/7
61 136/2
62 53/41
63 - ع، بقوله م ي ق
64 +الشهودية ق
65 +الشهودية ق

أيضا بقيد بل يسرح في أيٍ شاء وإن كان من الصالحين[66] فهم مقيدون في العليين[67] وإن كان من الأشقياء[68] فهم مقيدون في السجين[69] قال الله تعالى ﴿ يَا أَيُّهَا الَّذِينَ أُوتُوا الْكِتَابَ آمِنُوا بِمَا نَزَّلْنَا مُصَدِّقًا لِمَا مَعَكُمْ مِنْ قَبْلِ أَنْ نَطْمِسَ وُجُوهًا فَنَرُدَّهَا عَلَىٰ أَدْبَارِهَا أَوْ نَلْعَنَهُمْ كَمَا لَعَنَّا أَصْحَابَ السَّبْتِ ۚ وَكَانَ أَمْرُ اللَّهِ مَفْعُولًا ﴾[70] فالأشقياء يمسخون أو ترد وجوههم على أدبارها فمسخهم إما قبل الموت أي كما حولت الأمم السالفة وآحاد هذه الأمة كما في روح البيان وإما بعد الموت فيحشر كل من الأشقياء في صورة حيوان طبعه بل هو كان حيوانا في صورة إنسان فإذا انفصلت الروح بالموت ظهرت الصورة[71] الحيوانية على طبق خلقه وما قاله التناسخية والتماسخية والتراسخية والتفاسخية[72] من أن الروح إذا انفصلت عن البدن[73] تتصل[74] ببدن إنسان آخر وهم التناسخية أو بحيوان وهم التماسخية أو نبات[75] أو معدن وتبقى أبدا وهم التراسخية أو لا تبقى بل تنتقل من معدن إلى نبات وحيوان وإنسان وهكذا إلى الأبد وهم التفاسخية فهذا باطل بوجهين الوجه الأول أنهم قالوا إن الأرواح لا قيام لها بنفسها بل تحتاج إلى بدن تقوم به وهذا يقتضي قيامها أما بنفسها[76] عند النقل فلا تحتاج[77] إلى بدن

66 إن كان من الصالحين: ليس في ع
67 عليين م ي
68 وأما أهل الشقآء ع
69 سجين م ي
70 47/4
71 صورته م ي ق
72 الضفاسخية م
73 +الإنساني ق
74 تنقلُّ ق
75 بنبات ع ي
76 بل ... بنفسها: ليس في ق
77 فلا يحتاج ع

آخر وأما[78] يقتضي عدم قيامها بنفسها عند النقل فتنعدم[79] أصلا ويلزمهم أنها لا تقوم بالوجود الحق واعلم أن الروح تتجسد بجسد طبيعي كما أهل الجنة أو بجسد عنصري كما أهل النار والجسم الثاني هو عين الأول أو مثله قال قوم[80] هو عينه على جواز إعادة المعدوم بعينه وقال قوم[81] هو مثله على عدم جواز إعادة المعدوم بعينه وقال قوم الإعادة عن تفريق مع بقاء عظم العجب لا عن عدم وهذا هو الراجح عند المتكلمين وأما أهل التحقيق يجمعون بين القولين يعاد بعينه بحسب المرتبة وبمثله بحسب الصورة ولا مثل في الحقيقة ﴿كُلَّ يَوْمٍ هُوَ فِي شَأْنٍ﴾[82] والله يقول الحق وهو يهدي السبيل

وأما الخاتمة اعلم يا أخي أن الحق تعالى من حيث ذاته غنى عن العالمين ومن حيث كماله له التجلّي الصفاتي والأسمائي والأفعالي والآثاري والأحكامي وفي كل تجلّي جزئي[83] تجلّى بجميع كماله لئلا يلزم النقص في تجلّيه تعالى وكذا[84] قال الله تعالى لإبليس ﴿مَا مَنَعَكَ أَنْ تَسْجُدَ لِمَا خَلَقْتُ بِيَدَيَّ ما مَنَعَكَ أَنْ تَسْجُدَ لِمَا خَلَقْتُ بِيَدَيَّ﴾[85] أي بجمعيتي[86] الأولى جمعية الحقايق الإلهية والأخرى جمعية الحقايق الخلقية فوجد آدم عليه السلام بالجمعيتين فما من الأسماء الإلهية إلا وتحقق به النوع الإنساني وما من الأسماء الخلقية إلا وجمعه فهو جامع جميع الحقايق ﴿وَعَلَّمَ آدَمَ الْأَسْمَاءَ كُلَّهَا﴾[87] فإذا علمت هذا فاعلم أن ما ظهر من

78 والثاني أنه ق
79 فتقدم م
80 +أي المتكلّمون ق
81 أي المتصوفة والحكماء ق
82 29/55
83 جرء م
84 ولذا ع ي
85 75:38
86 بجمعيتين ق
87 31/2

الأنبياء من المعجزات ومن الأولياء من الكرمات إنما هي الحقايق التي أوجدها الحق فيهم فبرزوا بها كضرب موسى عليه السلام اليم بعصاه فانفلق وجاوز بنو إسرائيل وكإحضار آصف بن برخيا عليه السلام عرش بلقيس قبل ارتداد البصر، أُنظر إلى بروزهما بالاقتدار الإلهي وغيره[88] من الحقايق الحقية وقس[89] واعتبر وأما البروز بالحقايق الخلقية فكبروز إلياس عليه السلام وهو من بني إسرائيل أرسل إلى قرية بعلبك فنشأ بالحقيقة الإدريسية التي كان إلياس[90] متحققا بها ولذا قال النبي صلى الله عليه وسلم إن إلياس هو إدريسُ ولذا كان صاحب الأحدية يبرز بما أراده الحق تعالى من الحقايق التي تحقق بها دنيا وآخرة[91] لا يتقيد بشيئ ومن هذا بروز بني إسرائيل قردة وخنازير وبروز أمير الحج زمن المأمون خنزيرا كما هو في القرآن في[92] قصة بني إسرائيل في تفسير[93] [94] قوله تعالى يا أهل الكتاب ﴿آمِنُوا بِمَا نَزَّلْنَا مُصَدِّقًا لِمَا مَعَكُمْ﴾[95] ومن هذا القبيل بروز أهل الجنة بالحسن والجمال يوما فيوما بما فيهم من الحقايق حتى يبرزوا ملائكة وأهل النار يبرزون[96] بما فيهم من القبح والجلال يوما فيوما حتى يكونوا شياطين خذ هذا واتق عن مذهب أهل الضلال من التناسخية والتماسخية والتراسخية والتفاسخية[97] قائما بالوجود الحق

88 وغيرهما ق
89 فقس عليهما ق
90 إدريس ق
91 وأخرى ع، وآخره م، وآخري ق
92 من ع ق
93 في الهامش الأصل: في تفسير الحقي (روح البيان)
94 الحقي في تفسير ع ق
95 47/4
96 يبرزوا ع م
97 في الهامش الأصل: لأن القائل بها يثبت شيئا ليس

كيف يكون الحق تعالى غير الكون والكون قائم به، وكيف يكون عين الكون وكان ولا كون

والحمد لله رب العالمين وصلّى الله[98] على سيدنا محمد وعلى آله وصحبه أجمعين، يا رب العالمين[99] [100]

حرّر من[101] خط مؤلف طال بقاه[102]

كتبه الفقير الحقير بالعجز والقصير حسن حسني ابن عثمان اغا غفر ذنوبهما وبالخير والجود[103]

1295[104]

98 +وسلّم ق
99 --- ق
100 +من خط مؤلفه طال بقاه سنة 1290 م
101 -- م
102 حرّر ... بقاه: ليس في ع ق
103 كتبه ... والجود: ليس في ع م ق
104 - ع ق

ياقوتة الحمراء على الصلوات الصغرى

للشيخ الأكبر قدس سره الأطهر شرح الشيخ السيد محمد نور العربي

الأصل:

Istanbul BB Atatürk Kitaplığı, Osman Ergin Yazmaları 992, 31b-36a. إ

مخطوطة أخرى استعمل في التحقيق

Istanbul BB Atatürk Kitaplığı, Osman Ergin Yazmaları 702, 49b-50b. م

شرح صلوة الصغرى لشيخنا و...زنا حضرت الشيخ محمد نور طال بقاه وحفظه الملك الاله

[بسم الله الرحمن الرحيم

الحمد لله الذي صلى وسلم وملائكته على الحبيب الأعظم وأمرنا بها وجعلها سببا لدخول دار النعيم والصلوة والسلام على رسوله المنى طب بقوله وإنك لعلى خلق عظيم وعلى آله وصحبه أولى التمجيد التكريم وبعد فهذه شرح صلوة الصغرى المنسوب إلى الشيخ الأكبر قدس سره الأطهر تأليف عارف معارف اللَاهوتي وجامع حقايق الناسوتي حضرت السيد الشيخ محمد نور لا زالت عند الله تجارته لن تبور قال الشيخ الفخيم][105]

بسم الله الرحمن الرحيم

الكلام على البسملة كثير عند أهل اللسان والشرع والطريقة والحقيقة لكن أذكر ما سنح لي من أن البسملة من أعلى مراتب التوحيد الذي هو أحدية الجمع وأحدية الفرق قال الله تعالى ﴿قُلِ ادْعُوا اللَّهَ أَوِ ادْعُوا الرَّحْمَٰنَ ۖ أَيًّا مَا تَدْعُوا فَلَهُ الْأَسْمَاءُ الْحُسْنَىٰ﴾[106] يعني قل ادعوا الله أي الاسم الذي عين للذات المطلقة الألوهية أو الرحمن أي الاسم الذي عين لها الرحمانية وادعوا غيرهما من الأسماء التي تعين للذات المراتب فكل اسم يعين[107] مرتبة للذات فالذات تتعين بكل مرتبة من المراتب ولذا قال تعالى أيا ما تدعوا فله الأسماء الحسنى يعني كل اسم جامع لجميع الأسماء الحسنى فأي اسم تدعوا فله الأسماء الحسنى فأنظر

105 - في أ
106 17/110
107 بِعين م

لهذا الجمع الأحدي الذاتي بعد الفرق الواحدي الأسمائي وهذا يحصل بالسير إلى الله في الله بالله مع الله عن الله بالذكر الدائم مع قطع التوحيد الذي هو تجلّي الأفعال والأسماء والصفات والذات ثم الجذب من جمع إلى[108] الوجود الذي هو أحدية الجمع والفرق وهذا لا يكون إلا بإرشاد[109] الكامل الذي يقرأ البسملة بالوجوه الثلاثة والله يهدي إلى صراط مستقيم

اللهم صل على الذات المطلسم

الذي لا تدرك حقيقته دنيا وآخرة قال الله تعالى ﴿وَيُحَذِّرُكُمُ اللَّهُ نَفْسَهُ ۗ وَاللَّهُ رَءُوفٌ بِالْعِبَادِ﴾[110] وقال ﴿لَا تُدْرِكُهُ الْأَبْصَارُ﴾[111] وقال ﴿لَنْ تَرَانِي﴾[112] أي لا ترى الذات إلا بالربوبية التي هي العزة يعني لا يمكن أن ترى الذات العلية دنيا وآخرة إلا بحجاب العزة الذي هو الربوبية وأتم مظهرها سيدنا محمد صلى الله عليه وسلم فهو الذات الظاهر بكمال الصفات كما أخرج البخاري ومسلم عن النبي صلى الله عليه وسلم أنه قال من رآني فقد رأى الحق ومعنى المطلسم العزيز الممتنع الوصول إليه إلا به بل لا وصول في الحقيقته إذ الوصل والفصل اثنينية فالعزة هي التمنع والاحتجاب عن الأغيار بحكم الغيرة ألا ترى أن إبليس أقسم بالعزة التي هي مقامه فقال ﴿بِعِزَّتِكَ﴾[113] وهو عين الحجاب الذي هو فيه ولذا لم يسجد لآدم والمعنى اللهم صل على ذاتك التي هي حقيقة سيدنا محمد صلى الله عليه وسلم الظاهر بصفاتك

108 +جمع م
109 بالإرشاد م
110 30/3
111 103/6
112 143/7
113 82/38

والغيب المطمطم

أي الغيب الذي لم يظهر فقط ولم يبطن فقط بل هو الأول والآخر والظاهر والباطن فالغيب المطمطم المحيط لجميع المراتب ولذا مدح الحق تعالى الذين يؤمنون بالغيب ومدح أيضا الذين يؤمنون بالشهادة فقال ﴿شَهِدَ اللَّهُ أَنَّهُ لَا إِلَٰهَ إِلَّا هُوَ وَالْمَلَائِكَةُ وَأُولُو الْعِلْمِ قَائِمًا بِالْقِسْطِ ۚ لَا إِلَٰهَ إِلَّا هُوَ الْعَزِيزُ الْحَكِيمُ﴾[114] والمعنى اللهم صل على الذات[115] الغيب المتصف لجميع المراتب الحقّية والخلقية سيدنا محمد صلى الله عليه وسلم فهو صلى الله عليه وسلم جامع للكل بصورته وحقيقته واعلم أن الغيب هو منتهى الإشارات لا يكن الكلام فيه وإنما الكلام يمكن في الشهادة فكل ما تكلم عليه أهل الحقيقة إنما هو من مقام الواحدية لا الأحدية التي هي مقام سيدنا محمد صلى الله عليه وسلم قال عمر بن الفارض قدس سره فَجُلْ فِي فُنُونِ آلْإِتِّحَادِ وَلَا تَحِدْ إِلى فِئَةٍ فِي غَيْرِهِ العُمْرِ أَفْنَتْ وفنون الإتحاد هي الجمع وحضرة الجمع وجمع الجمع وأحديته المخصوصة لسيدنا محمد صلى الله عليه وسلم فعلم من هذا أنه صلى الله عليه وسلم الغيب المطمطم أي البحر الزاخر والله الهادي[116]

لاهوت الجمال

الّاهوت الصفات والأسماء إعلم أن الذات هي الحقيقة الإلهية وهل هي تدرك أم لا قال قوم تدرك دنيا وآخرة وقال قوم تدرك في الآخرة فقط وقال قوم لا تدرك دنيا ولا آخرة وهو الْمعتمد لأن الرؤية لا تتوقف على الإدراك لأن الذات ترى ولا تدرك علما قال الله تعالى ﴿وَلَا يُحِيطُونَ بِهِ عِلْمًا﴾[117] وأما الصفات تعلم ولا

114 18/3
115 - م
116 والله أعلم م
117 110/20

ترى لأنها نسبة اعتبارية وأما الأفعال تعلم وترى لأنها آثاره واعلم أن الحضرات الإلهية حضرة الذات وحضرة الّاهوت الأسماء والصفات والجبروت هي الحقايق والمثال والناسوت والجمال هو الحسن الإلهي الصوري والمعنى اللهم صل على مظهر الأسماء والصفات جامع الجمال سيدنا محمد صلى الله عليه وسلم

قوله ناسوت الوصال

الناسوت حضرة الجسم الذي هو مظهر الأرواح والوصال هو الاتصال الشهودي في مقام جمع الجمع ولذا قالوا الشهود التام في مقام جمع الجمع شهود النبي صلى الله عليه وسلم فهو الجامع لجميع المراتب لأنه مادة كل شيء صلى الله عليه وسلم فهو الجامع بين الجلال والجمال وإن كان خلقه عظيم لأن خلقه القرآن المجيد فهو ﴿بِالْمُؤْمِنِينَ رَءُوفٌ رَحِيمٌ﴾[118] ولما غلب على عيسى عليه السلام البسط لم يكلف قومه بلأسر والأغلال التي كانت في أعناق بني إسرائيل فلم يطيعوه وعرج إلى السماء الثانية وإنما أبدع القسيسون والرهبان تعبّدات إلى النصارى ﴿وَرَهْبَانِيَّةً ابْتَدَعُوهَا مَا كَتَبْنَاهَا عَلَيْهِمْ إِلَّا ابْتِغَاءَ رِضْوَانِ اللَّهِ فَمَا رَعَوْهَا حَقَّ رِعَايَتِهَا﴾[119] وأما موسى عليه السلام ونوح وغيرهما كان الغالب عليهم القبض والجلال حتى قاسى قومهم ما قاسوا من المشقّة وأما سيدنا محمد صلى الله عليه وسلم فهو ناسوت الوصال أرسل بالحنيفة السمحة ولذا قال كنت نبيا وآدم بين الماء والطين وبالله التوفيق

قوله طلعة الحق

الطلعة بمعنى الرؤية أي رؤيته صلى الله عليه وسلم رؤية الحق من حيث[120] المظهر التام له تعالى كما ورد في الحديث أنه قال من رآني فقد رأى الحق

118 128/9
119 27/57
120 +أنه صلى الله عليه وسلم م

أخرجه البخاري ومسلم كما لا من حيث بشريته عليه السلام قال الله تعالى ﴿قُلْ إِنَّمَا أَنَا بَشَرٌ مِثْلُكُمْ﴾[121] فإن البشر لا يكون حقا بل مرآة لأسماء الحق أو حقيقة[122] وجود الحق تعالى غير هذا لا يكون لأن الخلق آثار الله فلا تكون عين المؤثر وكما ورد عن إبراهيم عليه السلام كما قصه الله تعالى في كتابه ﴿فَلَمَّا جَنَّ عَلَيْهِ اللَّيْلُ رَأَىٰ كَوْكَبًا ۖ قَالَ هَٰذَا رَبِّي﴾[123] إلى آخر الآيات فإبراهيم عليه السلام لما غلبه الشوق والطلب وعلم[124] حضور الحق لكل شيء من حيث قيومية الأشياء به تعالى وتجلّيه تعالى في صورته كان كلّما لمح نورا وبهاء وكمالا في شيء قال هذا ربي فلما شاهد الاسم النور في الكوكب والقمر والشمس قال لكل واحد منها هذا ربي من حيث التجلّي والحقيقة لا من حيث[125] التعيّن والظهور الصوري ولذا قال ﴿فَلَمَّا أَفَلَ قَالَ لَا أُحِبُّ الْآفِلِينَ﴾[126] فلا أقول له هذا ربي لأن الأفول صفة نقص ما في الربوبية فالظاهر أن الخليل عليه السلام أراد أن يبين أن كل ما لحقه نقص وإن كان كاملا من وجه لا يستحق أن تنسب إليه الربوبية ويعبد والله الموفق

كثوب إنسان الأزل

كثوب وكثيب بالواو والياء بمعنى الجامع والإنسان هنا بمعنى نَنّ العين والأزل هو الحق تعالى يعني أن سيدنا محمد صلى الله عليه وسلم جامع نظرات الحق تعالى ذاتا وصفاتا وأسماء فهو مظهر الحق على التمام لأن أصل جميع المظاهر الخلقية ومظهر الأعيان الحقّية وأما إذا كان الإنسان بمعنى البشر أحد الأناسي

121 6/41
122 وحقيقة م
123 76/6
124 - م
125 التجلي والحقيقة لا من حيث: ليس في م
126 76/6

يكون معنى إنسان الأزل الإنسان الأزلي في علمه تعالى وصورة الإنسان الأزلي في عالم الخلق سيدنا محمد الجامع لجميع صور الأناسي مادة اللهم أهدنا بجاه نبيك عليه الصلاة والسلام ولذا قال الشيح قدس سره

في نشر من لم يزل

أي في عالم الخلق أي في نشر الحق الأشياء وإيجادها على التفصيل فالنشر هو الإيجاد التفصيلي ومن لم يزل[127] هو الحق يعني أن سيدنا صلى الله عليه وسلم جامع المظاهر الحقّية في التفصيل الخلقي لأنه الأصل صلى الله عليه وسلم ولذا[128] قال

في قاب ناسوت الوصال الأقرب

هذا إشارة إلى مقام قاب قوسين أي كونه عليه السلام كلا قوسي دائرة الوجود بالنزول والعروج قوس الإبداء وقوس الإعادة فأندرج فيه جميع الأسماء الواقعة تحت اسمي المبدئ والمعيد واسمي الأول والآخر وكذا ما تحت الاسم الظاهر بالنزول والباطن بالعروج لكن هذا المقام هو[129] الجناب الإلهي والحضرة الواحدية أما مقام أحدية الجمع الذي هو المقام المحمدي عبر عنه وقال الوصال الأقرب

اللهم صل به

لأنه مظهرك

فيه

لأنه مظهر الكل

127 في الهامش إ: من أقمت به المكونات
128 الأصل صلى الله عليه وسلم ولذا: ليس في م
129 - م

منه

لأنه الظاهر منك الظاهر منه

عليه

لأنه المرحوم والكل مرحوم به

وسلم

أي سلمه من الفرق الذي لا يعتريه والحمد لله رب العالمين

السر المجيد في سير التوحيد[130]

مخطوطة التحقيق

Istanbul BB Atatürk Kitaplığı, Osman Ergin 702, 35b. أ

السر المجيد في سير التوحيد

بسم الله الرحمن الرحيم

الحمد لله الذ[ي] اصطف[ى] سيدنا محمد المصطفى صلى الله تعالى عليه وعلى آله وأصحابه نجوم الهدي لمن اقتدى

إعلم أن سير التوحيد وهو سير الروحاني له مناسبة تامة لأذكار الطريقة العلية التي لقّنها الكرام للمريدين في بداية الحال

ثم إنهم إذا سلكوا طريق التوحيد بما قطعوه من الأسماء السبعة على النفوس السبعة مع شهود أنوارها المعيّنة فصورتها إنهم لقّنوا توحيد الأفعال لكلمة التوحيد حال كونهم ينسبون الآثار إلى الذات العلية بقولهم لا إله إلّا الله مع رابطة لا خالق إلا الله

فإذا استقرّ توحيد الأفعال بحصول الاستغراق فيه يلقّنه الشيخ توحيد الصفات باسم الذات لأنه الجامع للأسماء والصفات

فإذا ذكر اسم الذات لا يذكره إلا برابطة الصفات الثبوتية من القدرة والحيوة والعلم والإرادة والسمع والبصر والكلام والتكوين فينسب بالرابطة أن هذه الصفات الكمالية هي لله خاصة يستقرّ توحيد الصفات ويحمل الاستغراق فيه

ثم يلقّنه الشيخ توحيد الذات باسم ,هو، لأن هو الذات المطلقة فيذكر هو برابطة ال[ذ]ات منفيا جميع الذوات في الذات الذي يذكرها بهو فيكون في هذا المقام ال[ذ]اكر والمذكور واحد والذكر ذكر الواحد تعالى فيتمّ مقامات السكر الثلثة

ثم لا سلوك بعد هذا لأنه ليس وراء الذات مرمي ثم يرجع ويتدلّى فيلقّنه الشيخ اسم ,الحقّ، مع رابطة ا[لجم]ع الذي هو شهود الحق بالحق حتى يستغرق

فيلقّنه اسم ,الحي، وهو شرط للاتصاف بجميع الأسماء والصفات فيشهد الأسماء والصفات ظاهرا والذات باطنا وهذا المقام حضرت الجمع يعني التجلي الأول للذات

ثم يلقّنه الاسم ,القيوم، وهو الذي قام بذاته وقامت الآثار به فيشهد في هذا المقام الآثار قائمة بالذات وهذا المقام جمع الجمع فبهذا تمّت الجذبة ك[م]ا تمّ السلوك بتوحيد الذات والمراد بالجذبة نهاية التدلّى فبداية <السلوك> نهاية المنتهى وبعد هذا الاسم ,القهار، قال بعض أهل الطريق لا يصل اليه احد وكلامهم له وجه لأنه ليس لاحد با[ل]أصالة وإنما هو بمتابعة أقدام النبي صلّى الله عليه وسلّم متأخرا بقدم واحد

فالقهار الذي يقهر الكثرة الصفاتية والأسمائية والآثارية بتجلي الذات في كل منها وهو مقام الأحدية الجمع وهو المقام المحمدي صلّى الله عليه وسلّم الذي يُنال بالوراثة المحمدية والحمد لله على التمام والصلوة على النبي وآله عليهم السلام

رسالهء مشاهد التوحيد لحضرت شيخنا محمد نور العربي سلمه الله تعالى

مخطوطة التحقيق

Istanbul BB Atatürk Kitaplığı, Osman Ergin 702, 32a. أ

رسالهء مشاهد التوحيد لحضرت شيخنا محمد نور العربي سلمه الله تعالى

بسم الله الرحمن الرحيم

ال[حمد ل]له المتوحد في ذاته وصفاته وأفعاله الظاهر بآثاره وأسمائه القائم على كل نفس بآياته وبيّناته والصلوة والسلام على صاحب المقام الأحدي الذي شرب من مشربه من هو متحقّق بأحدية وبعد فهذه رسالة في بيان حضرت العيسوية والموسوية والمحمدية التي علي[ها] [م]دار سلوك العارفين

إعلم أن مشاهد التوحيد ثلاثة أقسام عيسوي وموسوي ومحمدي أما المشهد العيسوي والحضرت العيسوية وهي الموت الاختياري الجامع لفناء الأفعال وفناء الصفات وفناء الذات ففناء أفعال العبد في أفعال الله تعالى وصفاته في صفات الله تعلى وذاته في ذات الله تعالى، قال الله تعالى ﴿يَا عِيسَىٰ إِنِّي مُتَوَفِّيكَ وَرَافِعُكَ إِلَيَّ﴾ الثاني البقاء بالله وهو المشهد الموسوي والحضرت الموسوية وهي بقاء أفعال العبد بأفعال الحق وصفات العبد بصفات الحق وذات العبد بذات الحق، قال الله تعالى فَلَمَّا أَتَاهَا قال ﴿يَا مُوسَىٰ إِنِّي أَنَا اللَّهُ رَبُّ الْعَالَمِينَ﴾

الثالث المشهد المحمدي والحضرت المحمدية وهو التوحيد الصرف بعد المشهد الموسوي الذي هو الجمع وحضرت الجمع وجمع الجمع والتوحيد الصرف هو أحدية الجمع كما قال الله تعالى لمحمد صلى الله عليه وسلم ﴿وَمَا رَمَيْتَ إِذْ رَمَيْتَ وَلَٰكِنَّ اللَّهَ رَمَىٰ﴾

والله أعلم وصلّى ا[لله] على سيدنا محمد وآله وصحبه أجمعين وال[حمد] لله رب العالمين

شرح حقايق الأشياء للشيخ محمد نور العربي الملامي قدس الله سره

مخطوطة التحقيق

أ .Konya Mevlana Müzesi, Nr. 1630, 67b-68b

الحمد لله الثابت وجوده في العلم والعيان لكن ﴿لَا تُدْرِكُهُ الْأَبْصَارُ وَهُوَ يُدْرِكُ الْأَبْصَارَ﴾1 بالعلم والعيان والصلوة والسلام على منبع الجود محمد الذي هو المقصود بالوجود وعلى آله وأصحابه الذين هم تابعوه وأحبابه أما بعد فإن الناس من النظار والمحققين أختلفوا في حقايق الأشياء فمنهم من أنكرها وهم الحسبانية ومنهم من أثبتها وهم طوائف منهم من أثبتها علما وعيانا وهم المعتزلة ومنهم من أثبتها عيانا فقط وهم الأشاعرة ومنهم من أثبتها علما فقط وهم طائفتان العارفون يثبتونها علما فقط وإنما الموجود أحوالها بالوجود الحق والمحققون يقولون الموجود أعيانها بالوجود الحق وهو الحق ويرد على الحسبانية الضرورة لأن الحس يشهد ثبوت الحقايق ويرد على الأشاعرة أيضا وللمعتزلة ثلثة وجوه أما أولا فإن الشيء إما جوهر وإما عرض والعرض لا يبقى زمانين لأنه لا يقوم بنفسه وكل ما لا يبقى زمانين ليس له حقيقة ثبتة فالعرض ليس له حقيقة ثابتة وأما الجوهر فحقيقته أيضا عرض لأنه المتحيز القائم بنفسه وكل منه عرض فحقيقة الجوهر عرض وكل ما كان حقيقته عرضا فلا يكون له حقيقة ثابتة وأما ثانيا فإن جوهر الفرد ليس له وجود في نفس الأمر وإلا يلزم أن تكون له جهة فيقبل القسمة فلا يكون جوهر الفرد فثبت أن وجوده ذهني وكل ما كان وجوده ذهنيا فلا حقيقة له ثابتة وأما ثالثا فإن الموجود خارجا هو الجسم لا الجوهر الفرد كما تقدم تقريره والجسم إما ساكن وإما متحرك لا غير والسكون كونان في آنين في مكان فثبت تعدد الأكوان في السكون لأنه يلزم أن يكون في كل آن كون فلا يكون للسكون حقيقة ثابتة والحركة كونان في آنين في مكانين فيلزم تعدد الأكوان في التحرك أيضا فلا يكون له حقيقة ثابتة وما يرد على مذهب المحققين من الحلول والإتحاد كما يزعمه النظار فمن نقصانهم على مذهب المحققين والله أعلم